CB076960

A OLHOS VISTOS
UMA ICONOGRAFIA DE MACHADO DE ASSIS

ORGANIZAÇÃO
Hélio de Seixas Guimarães
Vladimir Sacchetta

IMS
INSTITUTO MOREIRA SALLES

Apresentação

Hélio de Seixas Guimarães e Vladimir Sacchetta

> "Falo das linhas vistas [...]."
> Machado de Assis, *Memorial de Aires*

ESTA ICONOGRAFIA DE MACHADO DE ASSIS tem como núcleo principal os registros fotográficos do escritor. São 24 imagens, em sua maioria retratos, registradas desde a década de 1850 até as vésperas da morte. Em acordo com a moda da segunda metade do século XIX, predomina a *carte de visite*, fotografia copiada sobre papel albuminado e colada sobre um suporte de papel mais grosso, de aproximadamente 10,5 x 6,3cm, algo entre um cartão de visita e um cartão-postal.

Ao coletar essas imagens em fontes variadas, deparamos também com caricaturas, desenhos e alegorias que têm Machado de Assis e sua obra como referência ou tema. Tudo reunido, formou-se um novo conjunto, de cerca de 50 imagens, que corresponde ao que pudemos encontrar – e certamente a quase tudo que existe ou restou – da representação iconográfica do escritor. (Diz a tradição que Machado teria destruído pessoalmente uma série de documentos, incumbindo pessoas próximas de darem cabo de outros tantos logo depois de sua morte. Quanto material iconográfico terá desaparecido nessas circunstâncias?)

Percorrendo as referências encontradas na obra e nos documentos, incluindo sua correspondência, é possível supor que não existam muito mais imagens do escritor do que as reunidas neste volume. O levantamento exaustivo da iconografia contida nas obras dos seus principais biógrafos e críticos, que nos ajudaram a estabelecer este conjunto iconográfico, reforça a suposição.

Ao material que faz referência direta à figura do escritor, juntamos uma bela coleção de retratos fotográficos da esposa Carolina, companheira do escritor por 35 anos.

Reunimos ainda documentos pessoais, manuscritos, autógrafos, cartões de visita, cartões-postais enviados e recebidos, capas e folhas de rosto de suas obras principais. Aqui, o critério de seleção foi o do valor documental, da raridade e do ineditismo das peças encontradas. Julgamos que a reprodução de todos os contratos de edições, folhas de rosto, manuscritos e certidões pesaria sobre o conjunto relativamente singelo das imagens do escritor, que é o que desde o início gostaríamos de ressaltar.

Em paralelo a isso, reproduzimos do acervo fotográfico do IMS imagens do Rio de Janeiro entre 1839 e 1908. Diante da vastidão e da excepcional qualidade do acervo, a tentação de incluir muitas imagens foi grande. Optamos, no entanto, por apresentar apenas fotografias que mantivessem conexão direta com a biografia e a obra machadianas.

Nessa seleção, procuramos fugir da apresentação grandiosa da paisagem, tão característica da fotografia do século XIX. Em vez dos grandes panoramas da cidade e do exotismo da vegetação, do olhar etnográfico para os negros, vendedores ambulantes e tipos populares, privilegiamos imagens que valorizassem a riqueza e a diversidade da vida urbana, feita de contrastes, conflitos, encontros e desencontros.

Em alguns casos, fizemos recortes nas cenas urbanas, buscando flagrar detalhes da vida de rua. Nesses *zooms*, é possível perceber tanto a indiferença entre os passantes como as diferenças sociais entre eles, expressas nas vestimentas, na ocupação das mãos, no peso que carregam sobre os ombros e as cabeças – ou que arrastam com os braços –, nos sapatos que trazem, ou não trazem, nos pés, na altura do olhar que lançam para o entorno.

Dessa forma a visão da cidade fica mais de acordo com o olhar de Machado, que em sua obra afastou-se deliberadamente dos grandes quadros e panoramas, tão típicos do romantismo, para flagrar a vida em relação. Na ficção de Machado, o sentido de uma vida pode ser decidido num encontro fortuito na rua ou numa mera troca de olhares – e é essa dimensão da vida e da literatura machadiana que procuramos enfatizar.

As cenas do Rio vêm quase sempre acompanhadas de trechos da obra, que servem de legenda e comentário para as imagens.

Todo esse conjunto, de mais de 200 imagens dispostas em ordem cronológica, acabou por traçar um percurso visual da vida e da obra de Machado de Assis. Há limitações óbvias, devidas, por exemplo, à quase inexistência de imagens e documentos relativos aos primeiros 15 anos de vida do escritor. É preciso ter em mente que as primeiras técnicas fotográficas nascem junto com o escritor: Machado e o daguerreótipo são do mesmo ano, 1839. E ainda que a fotografia tenha se difundido muito cedo no Brasil, os registros fotográficos ainda são raros nas décadas de 1840 e 1850, tornando-se mais populares nos anos de 1860.

Além disso, há também as lacunas produzidas pelas condições historicamente precárias para a conservação de materiais relativos à memória cultural do país. Basta lembrar que a casa da Rua Cosme Velho, 18, em que Machado de Assis viveu com Carolina durante quase um quarto de século, foi demolida. Isso em pleno século XX, quando Machado era amplamente reconhecido como o maior escritor brasileiro e já havia se tornado uma espécie de escritor oficial.

Embora tenhamos procurado a melhor reprodução possível das imagens disponíveis, tratadas com os melhores recursos à mão, optamos por não apagar as intervenções fortuitas e as marcas de catalogação. Assim, anotações a lápis e caneta, carimbos dos acervos e até mesmo marcas evidentes da má conservação ou da não restauração dos documentos foram preservadas.

As iconografias, por tradição, são instrumentos eficientes para a canonização de um santo ou de um artista. No caso desta iconografia, o objetivo é o oposto, até porque é difícil imaginar que a esta altura o artista em questão possa se tornar ainda mais canônico e oficial do que já é. A idéia aqui é trilhar o sentido contrário. Ao reunir e colocar em circulação a diversidade dos registros, o que se quer é romper com a fixidez da imagem do autor, forjada ainda em vida.

Esperamos que, ao percorrer as páginas e as imagens deste livro, o leitor possa não só entrar em contato com a figura em todos os sentidos extraordinária de Machado de Assis, mas também sentir a pulsação de uma vida que se desenvolveu plenamente.

Os organizadores agradecem a Ana Cláudia Suriani Silva, Cristina Antunes (Biblioteca José e Guita Mindlin), Cristina Zappa (Instituto Moreira Salles), Gênese Andrade, Ieda Lebensztayn, Jean-Michel Massa, Jeferson dos Santos Teixeira (Instituto Histórico e Geográfico Brasileiro), João Roberto Faria (usp), José Mindlin (Biblioteca José e Guita Mindlin), Leonardo Cunha (Fundação Casa de Rui Barbosa), Liliana Giusti Serra (Instituto Moreira Salles), Manoel Portinari Leão, Manuel da Costa Pinto, Marta de Senna (Fundação Casa de Rui Barbosa), Paulino Cardoso (Academia Brasileira de Letras), Sandra Guardini T. Vasconcelos (usp), Sergio Burgi (Instituto Moreira Salles) e Vânia Soares de Magalhães (Museu da República) pelo incentivo e pela colaboração em vários momentos da elaboração deste livro.

* * *

A composição de uma figura
*Anotações sobre as fotografias
de Machado de Assis*

Hélio de Seixas Guimarães

OS RETRATOS E AS IMAGENS fotográficas de Machado de Assis, reunidos, permitem observar algumas mutações do escritor ao longo da vida e acompanhar a composição de sua figura cada vez mais distinta e respeitável. As modificações respondem tanto ao envelhecimento natural quanto à sua ascensão social, de jovem tipógrafo e novel poeta a escritor consagrado, alto funcionário público e presidente da Academia Brasileira de Letras.

Do rapaz evidentemente mulato, de cabelos revoltos e olhar firme das primeiras fotos, em torno dos 20 anos, até o homem de barba e cabelos nevados e olhar melancólico dos retratos tirados em torno dos 60 anos, pode-se entrever que não foi de pouca monta o naufrágio das ilusões. Diante das imagens, fica difícil resistir à tentação de adivinhar, no olhar enviesado dos meios-perfis registrados em torno de 1880 e 1890, tempo de viravoltas e crises na vida do homem e do autor, a malignidade e a loucura destiladas nas páginas das *Memórias póstumas* e de *Quincas Borba*.

Os retratos trazem também um depoimento da fulminante e constante ascensão social do escritor, filho de agregados de uma chácara senhorial que em poucas décadas passou a ocupar o centro dos círculos mais prestigiosos do Brasil do seu tempo. O que salta aos olhos é o ajustamento cada vez maior do homem à casaca, para lembrar expressão que o próprio Machado empregou jocosamente numa crônica de 1893:

> Os desconcertos da vida não têm outra origem, senão o contraste dos homens e das casacas. Há casacas justas, bem postas, bem cabidas, que valem o preço do aluguel; mas a grande maioria delas divergem dos corpos, e porventura os afligem. A dança dissimula o aspecto dos homens e faz esquecer por instantes

o constrangimento e o tédio. Acresce que o uso tem grande influência, acabando por acomodar muitos homens à sua casaca.[1]

Ainda que a acomodação se faça sentir ao longo do tempo, com um ajustamento cada vez maior entre o escritor e o traje, as marcas da distinção social são notáveis desde as primeiras fotografias. Os primeiros retratos são tirados por fotógrafos anônimos, mas nos dois retratos junto à escrivaninha, aos 25 anos, Machado já está diante das lentes de Joaquim Insley Pacheco. O fotógrafo tinha entre seus clientes "pessoas da mais alta sociedade", e foi ele quem ajudou a esculpir fotograficamente as "augustas efígies de Suas Majestades, o Imperador e a Imperatriz".[2]

Como o jovem escritor, de recursos modestos, teria conseguido chegar a um dos estúdios de fotografia mais disputados da Corte? Muito provavelmente pelos laços de amizade. Em 1862, Pacheco interpretou uma das personagens da comédia *Quase ministro*, de autoria de Machado, num sarau literário do qual participaram também o poeta e teatrólogo Ernesto Cibrão, o músico Artur Napoleão e o poeta Faustino Xavier (irmão de Carolina, que se tornaria esposa de Machado), entre outros personagens eminentes da vida cultural do Rio de Janeiro.

A proximidade com o fotógrafo fica sugerida numa crônica de 1864, quase inteiramente dedicada à casa de Insley Pacheco e às maravilhas da fotografia:

Fui ver duas coisas novas do Pacheco. A casa do Pacheco é o mais luxuoso templo de Delos da nossa capital. Visitá-la de semana em semana é gozar por dois motivos: admira-se a perfeição crescente dos trabalhos fotográficos e de miniatura, e vêem-se reunidos, no mesmo salão ou no mesmo álbum, os rostos mais belos do Rio de Janeiro – falo dos rostos femininos.
Não me ocuparei com esta segunda parte nem tomarei o papel indiscreto e difícil de Páris, trazendo para aqui o resultado das minhas comparações.
Quanto à primeira parte, – é a casa do Pacheco a primeira do gênero que existe na capital, onde há cerca de trinta oficinas fotográficas. [...]
A outra novidade que fui ver à casa do Pacheco foi um aparelho fotográfico, chegado ultimamente, destinado a reproduzir em ponto grande as fotografias de cartão. Não vi ainda trabalhar esse novo aparelho, mas dizem que produz os melhores resultados. Até onde chegará o aperfeiçoamento do invento do Daguerre?[3]

Embora aos vinte e poucos anos já estivesse no estúdio de um grande fotógrafo, Machado na-

---

1   "A semana". *Gazeta de Notícias*, Rio de Janeiro, 11.06.1893.
2   Cf. KOSSOY, Boris. *Dicionário Histórico-Fotográfico Brasileiro – Fotógrafos e ofício da fotografia no Brasil (1833-1910)*. São Paulo: Instituto Moreira Salles, 2002.
3   Machado de Assis, *Diário do Rio de Janeiro*, 07.08.1864.

quele momento ainda era um entre outros, ou melhor, mais um a ocupar a composição padronizada para as *cartes de visite* que Pacheco anunciava e produzia em série. Àquela altura da década de 1860, a atividade ganhava impulso no Rio de Janeiro, que já contava com 30 fotógrafos, contra 11 na década anterior. Nos retratos assinados por Insley Pacheco, o escritor aparece exatamente no mesmo cenário, sentado na mesma cadeira, ao lado da mesma escrivaninha e praticamente na mesma pose de outros ilustres desconhecidos.

Esses retratos, montados em forma de cartões, eram item obrigatório da sociabilidade chique daquela altura do século XIX. Costumavam ser trocados entre homens e mulheres bem colocados na hierarquia social ou em busca de ascensão social. Eram o retrato burguês por excelência, e, calcula-se, correspondiam a 90% das fotografias produzidas na segunda metade do século XIX, sempre em composições muito parecidas e redundantes. [4]

Dez anos mais tarde, ao ser novamente retratado pelo "fotógrafo da Casa Imperial", o escritor já aparece equipado com o pincenê que o acompanharia por toda a vida e em todos os registros posteriores. Despojado de braços e pernas, Machado agora é apenas cabeça, pescoço e peito – um busto sobre um fundo esfumaçado, formando uma composição levemente ovalada. O escritor ia sendo eternizado também pelo registro fotográfico. Mais alguns anos e o mesmo Insley Pacheco o registrará em meio-perfil, bem ao estilo do retrato clássico. Depois disso, ele raramente sairá dessa posição, variando apenas o ângulo, ora mais à direita, ora mais à esquerda. A efígie ia ganhando seus contornos.

A bela foto que Marc Ferrez tirou do romancista em torno dos 50 anos parece ser o último retrato mais espontâneo de Machado de Assis, captado ainda com algum desalinho. Depois dela, os cabelos ficarão cada vez mais bem penteados e rentes à cabeça, a barba mais contida e bem aparada, os paletós mais bem abotoados e ajustados ao corpo. Era como se o escritor, cioso da posteridade, fizesse a imagem pessoal convergir com aquilo que recomendava para a escrita, recorrendo à metáfora capilar:

---

4   Sobre as *cartes de visite* e os retratos oitocentistas, leia-se o ensaio muito esclarecedor e sugestivo de Maurício Lissovsky, "Guia prático das fotografias sem pressa". In: HEYNEMANN, Cláudia Beatriz; RAINHO, Maria do Carmo Teixeira; LISSOVSKY, Maurício. *Retratos Modernos*. Rio de Janeiro: Arquivo Nacional, 2005. O livro *Coleção Princesa Isabel* traz um conjunto de mais de 400 retratos em formato de *carte de visite*; dispostos lado a lado, deixam claro o caráter bastante previsível, convencional e redundante desse tipo de registro fotográfico. Cf. LAGO, Pedro Corrêa do. *Coleção Princesa Isabel: fotografia do século XIX*. Rio de Janeiro: Capivara, 2008.

Estilo, meus senhores, deitem estilo nas descrições e comentários; os jornalistas de 1944 poderão muito bem transcrevê-los, e não é bonito aparecer despenteado aos olhos do futuro.⁵

A respeitabilidade do escritor, associada a certa sisudez, reitera-se pelo pequeno número de caricaturas, que parecem escassear à medida que o tempo avança. Esses registros mais irreverentes se concentram no início da carreira e praticamente desaparecem com a crescente consagração do escritor.

As litografias e os desenhos, no entanto, são abundantes. Geralmente tomando como base as imagens fotográficas, eles contribuem para fixar – e até para enrijecer – ainda mais os traços que passarão a compor a figura do escritor. No limite, levam à "sombrinha imortal" desenhada por Raul Pederneiras em junho de 1908. Três meses antes da morte de Machado, sua efígie está completa.

Do ponto de vista da iconografia, estavam definidos os traços que seriam utilizados para a construção do vulto nacional, do escritor oficial, do ícone Machado de Assis. Essa imagem seria cunhada em selos, moedas e cédulas comemorativas do centenário e do sesquicentenário de seu nascimento, em 1939 e 1989, e também dos 50 anos de sua morte, lembrados em 1958.

---

5   Machado de Assis. "A semana". *Gazeta de Notícias*, Rio de Janeiro, 13.01.1895.

NA COMPARAÇÃO da iconografia de Machado com a de seu amigo e contemporâneo Joaquim Nabuco fica nítida a diferença social entre os dois. A iconografia de Joaquim Nabuco traz fotos tanto do pai como da mãe do notável homem público, ao passo que não se conhece nenhum registro fotográfico de qualquer parente de Machado.

No entanto, a primeira fotografia de Joaquim Nabuco é de 1864, data provável das fotos de Machado à escrivaninha, tiradas por Insley Pacheco. Essas não são as primeiras fotos do escritor, já que as enviadas para a família portuguesa Moutinho de Sousa mostram um Machado aparentemente mais jovem, provavelmente nos primeiros anos da década de 1860.[6] Apesar da origem muito mais modesta de Machado em comparação com a família abastada do conselheiro do Império José Thomas Nabuco de Araújo, pai de Nabuco, o romancista já àquela altura tinha distinção suficiente para ser fotografado por um dos artistas mais requisitados da Corte.

Também em termos comparativos, a iconografia de Machado não é expressivamente mais modesta que a de seu xará pernambucano, homem de grande expressão política e ampla circulação entre as altas esferas do Império, que representou em longas temporadas no exterior. A iconografia de Nabuco publicada pela Fundação Joaquim Nabuco em 1995 traz um total de 34 registros fotográficos deste, contra os 24 de Machado de Assis. Uma diferença não tão grande se considerarmos os altos cargos de representação ocupados por Nabuco ao longo da vida. Se incluirmos os registros em desenho e caricaturas, a iconografia de Machado torna-se mais variada e numerosa que a de Nabuco, um dos brasileiros mais fotografados no século XIX e raramente caricaturado, como notou Gilberto Freyre.[7]

CURIOSAMENTE, as *cartes de visite* de Machado de Assis e Carolina a que tivemos acesso nos acervos da Academia Brasileira de Letras, Fundação Casa de Rui Barbosa e Museu da República não trazem em seus versos mensagens manuscritas nem sinais de postagem. Pouco sabemos sobre o modo de circulação desses objetos de cerca de 10,5 cm × 6,3 cm, que costumavam ser trocados entre amigos, parentes e amantes. Mas sabemos que essas imagens circulavam e que o escritor estava longe de ser indiferente a elas. Leiam-se trechos de duas cartas a Nabuco, em que Machado demonstra satisfação com o retrato produzido pelo pintor Henrique Bernardelli por encomenda da Academia:

> Os nossos amigos da Academia, ao par daquela fineza, quiseram fazer-me outra, pôr o meu retrato na sala das

---

[6] As fotos encontradas com a família Moutinho de Sousa provavelmente foram dadas para o casal no início dos anos de 1860. Sobre o contato de Machado com Ludovina e António Moutinho de Sousa, ver Jean-Michel Massa, "Un ami portugais de Machado de Assis: António Moutinho de Sousa", separata da Faculdade de Letras, Universidade de Lisboa, 1971.

[7] *Iconografia de Joaquim Nabuco*. Fundação Joaquim Nabuco. 2ª ed. rev. e ampl. Recife: Editora Massangana, 1995. O volume traz o ensaio introdutório "Em torno da importância dos retratos para os estudos biográficos: o caso de Joaquim Nabuco", de Gilberto Freyre.

sessões e confiaram a obra ao pincel de Henrique Bernardelli; está pronto e vai primeiro à exposição da Escola Nacional de Belas-Artes. O artista reproduziu o galho sobre uns livros que meteu na tela. Todos têm me acostumado à benevolência. Valha esta consolação à amargura da minha velhice. [8]

Um mês mais tarde, Machado voltava a tocar no assunto do retrato pintado por Bernardelli, que tomou como base um registro fotográfico ao qual juntou uns livros e o ramo do carvalho de Tasso que Nabuco lhe enviara da Europa:

Já há de saber do meu retrato que amigos da Academia mandaram pintar pelo Henrique Bernardelli e está agora na exposição anual da Escola de Belas Artes. O artista, para perpetuar a sua generosa lembrança, copiou na tela, sobre uns livros, o galho do carvalho de Tasso. O próprio galho, com a sua carta ao Graça, já os tenho na minha sala, em caixa, abaixo do retrato que V. me mandou de Londres o ano passado. Não falta nada, a não serem os olhos da minha velha e boa esposa que, tanto como eu, seria agradecida a esta dupla lembrança do amigo. [9]

Numa ambigüidade muito machadiana, o escritor foi ao mesmo tempo objeto aparentemente dócil e testemunha crítica da nascente era da imagem. Também ele deixou-se construir pela imagem, nesse conjunto de retratos em que ressalta a composição de sua figura tão sóbria e respeitável, uma espécie de ícone da inteligência. Mas, no que diz respeito à crítica, leiam-se, por exemplo, os contos "Teoria do medalhão", "O segredo do Bonzo" e "O espelho". Neles, as personagens estão às voltas com a exterioridade, a aparência, a imagem e a publicidade, deusas reguladoras do novo mundo que emergia com a aceleração do capitalismo financeiro e das novas técnicas de produção e reprodução – questões que sempre tiveram a atenção de Machado, tanto na ficção como nas crônicas que escreveu ao longo de mais de 50 anos para periódicos diversos.

Nesse mundo, a fotografia teria papel fundamental, com as implicações profundas da possibilidade do registro e da reprodução veloz de imagens. Num trecho do *Memorial de Aires*, o narrador faz um comentário que soa como profecia, mas parece antes resultar da aguda observação do romancista:

Eu gosto de ver impressas as notícias particulares, é bom uso, faz da vida de cada um ocupação de todos. Já as tenho visto assim, e não só impressas, mas até gravadas. Tempo há de vir em que a fotografia entrará no quarto dos moribundos para lhes fixar os últimos instantes; e se ocorrer maior intimidade entrará também. [10]

---

8   Carta a Joaquim Nabuco, Rio de Janeiro, 29.08.1905.
9   Carta a Joaquim Nabuco, Rio de Janeiro, 30.09.1905.
10 Machado de Assis. *Memorial de Aires*, 22 de fevereiro de 1889.

Nos registros fotográficos incluídos neste livro, fica demonstrado esse caráter cada vez mais veloz e invasivo da fotografia. Nas primeiras imagens, prevalece certa sensação de imobilidade, por conta da demora e das restrições técnicas para fixação das imagens. Para se fazer um retrato, nos primórdios da fotografia, era necessário permanecer imóvel por vários minutos, por conta da fraca sensibilidade luminosa das primeiras chapas. Já os registros do final da vida trazem marcas do instantâneo. Vale lembrar o flagrante da síncope de Machado no Cais Pharoux, registrado por Augusto Malta em 1907, e também a cena de uma mesa de café, em que ele aparece numa composição não posada, ao lado de Walfrido Ribeiro e Euclides da Cunha.

Nesse sentido, os modos como a imagem do escritor foi sendo captada e construída pelos diferentes aparatos fotográficos constituem um testemunho de como Machado de Assis lidou com a emergência de um mundo cada vez mais fascinado pelo flagrante e pela celebridade instantânea – um mundo do qual ele foi espectador crítico e também personagem.

***

1839
1868

1839   Em 21 de junho, nasce Joaquim Maria Machado de Assis na quinta do Livramento, Rio de Janeiro, onde seus pais seriam agregados, conforme diz a tradição. Pouco se sabe sobre a infância e a adolescência de Machado de Assis, além de que cedo perdeu a mãe e uma irmã e que, por volta de 1845, morava na rua Nova do Livramento.

1854   Publicação do seu primeiro poema, um soneto dedicado "À ilma. sra. D. P. J. A.", no *Periódico dos Pobres*.

1855   Inicia colaboração na *Marmota Fluminense*, de Paula Brito, com o poema "Ela".

1856   Ingressa, como aprendiz de tipógrafo, na Tipografia Nacional, onde conhece Manuel Antônio de Almeida e fica até 1858.

1857   Inicia carreira de tradutor com *A ópera das janelas*, provavelmente tirada de original francês.

1858   Torna-se revisor de provas na casa de Paula Brito.

1859   Início da publicação de *O Espelho*, para o qual Machado colaborou até 1860.

1861   Publicação de *Desencantos*, fantasia dramática, e *Queda que as mulheres têm para os tolos*.

1863   Publicação do volume *Teatro de Machado de Assis*, que contém as comédias *O protocolo* e *O caminho da porta*. Início da colaboração de Machado de Assis no *Jornal das Famílias*, editado no Rio de Janeiro por B. L. Garnier. Para esse periódico, escreveu muitos contos até 1878.

1864   Publicação de seu primeiro volume de versos, *Crisálidas*. Em 22 de abril, morre seu pai, Francisco José de Assis.

1866   O nome de Machado de Assis aparece como candidato a deputado pelo 2º distrito de Minas, para a legislatura 1867-1868.

1867   Machado de Assis é agraciado com o grau de Cavaleiro da Ordem da Rosa.

1868   Carolina Augusta Xavier de Novaes, que se tornaria sua esposa, chega ao Rio de Janeiro como passageira do barco francês *Estremadure*.

"[...] vi através das vidraças da escola, no claro azul do céu, por cima do morro do Livramento, um papagaio de papel, alto e largo, preso de uma corda imensa, que bojava no ar, uma cousa soberba."
["Conto de escola", 1884]

Vista panorâmica do Morro do Livramento,
Georges Leuzinger, c. 1865.

Joaquim Ant.º Ramos

A Rogo de Guilherme Alv.º das D.ª Ob.ª

Joze Francisco de Araujo

Clarimun-
da
adulta

Aos dez dias do mez de Novembro de mil oito cen
-nos baptizei, e pus os Santos Oleos a Clarimunda,
ore: foi Protetora Santa Rita, e padrinho Caetano. Declaro que os serviços forão dados pelo Governo
Azevedo. =   O Vig.º Joze Francino da Silva

Joaquim
in.

Aos treze dias do mes de Novembro de mil oito cen
na Capella da Senhora do Livramento filial a e
do Illustrissimo e Reverendissimo Monsenhor, e
ro da Silva Nepomuceno, e minha licença o Rev.º
Moraes Marques baptizou, e pos os Santos Oleos a
filho legitimo de Francino Joze de Assis, e Machado de Assis, Elle natural desta Côrte, e ella
Ma da Ilha de São Miguel; forão padrinhos o C.º
Joaquim Alberto de Souza da Silveira, e Dona M.
Barrozo, nasceo aos vinte e hum de Junho do prezente annno.

O Vig.º Joze Francino da Silva Bar

Na certidão de batismo, que se encontra na folha 167 do livro n.º 8 de registro de batismo da Paróquia de Santa Rita, lê-se:

"Aos treze dias do mes de Novembro de mil oitocentos, e trinta e nove annos na Capella da Senhora do Livramento filial a esta Matriz com Provizão do Illustrissimo e Reverendissimo Monsenhor, e Vigario Capitular Narcizo da Silva Nepomuceno, e minha licença o Reverendo Narcizo Jozé de Moraes Marques baptizou, e pos os Santos Oleos a Joaquim, innocente, filho legitimo de Francisco Jozé de Assis, e Maria Leopoldina Machado de Assis, elle natural desta Côrte, e ella da Ilha do Faial, digo, ella da Ilha de S. Miguel: forão padrinhos o Excellentissimo Viador Joaquim Alberto de Souza da Silveira, e Dona Maria Jozé de Mendonça Barrozo, nasceo aos vinte e hum de Junho do prezente anno: de que fis este assento.
O Vigr.º Jozé Francisco da Silva Cardoso."

SONETO.

Á Illm.ª Sr.ª D. P. J. A.

Quem pode em um momento descrever
Tantas virtudes de que sois dotada
Que fazem dos viventes ser amada
Que mesmo em vida faz de amor morrer!

O genio que vos faz ennobrecer,
Virtude e graças de que sois c'roada;
Vos fazem do esposo ser amada—
(Quanto é doce no mundo tal viver!)

A natureza nessa obra primorosa
Obra que d'entre todas as mais, brilha
Ostenta-se brilhante e magestosa!

Vós sois de vossa mãi a chara filha
Do esposo feliz, a grata esposa,
Todos os dotes teus oh—Petronilha—

J. M. M. Assis.

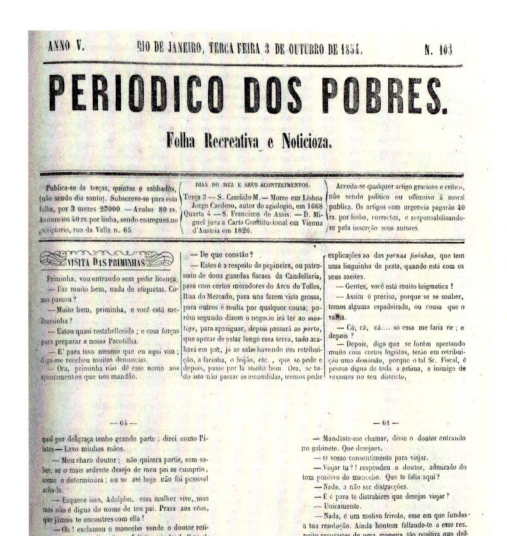

Um soneto no *Periódico dos Pobres*,
dedicado a Petronilha, uma mulher casada,
foi a primeira obra poética publicada de
Machado de Assis.

Rua das Laranjeiras, seguindo em direção
ao Cosme Velho. Ao fundo, à esquerda, o morro
Dona Marta; à direita, o Corcovado, Marc
Ferrez, fins do século XIX.

O jovem Machado de Assis em fotografias sem data (década de 1860) enviadas a seu amigo português António Moutinho de Sousa.

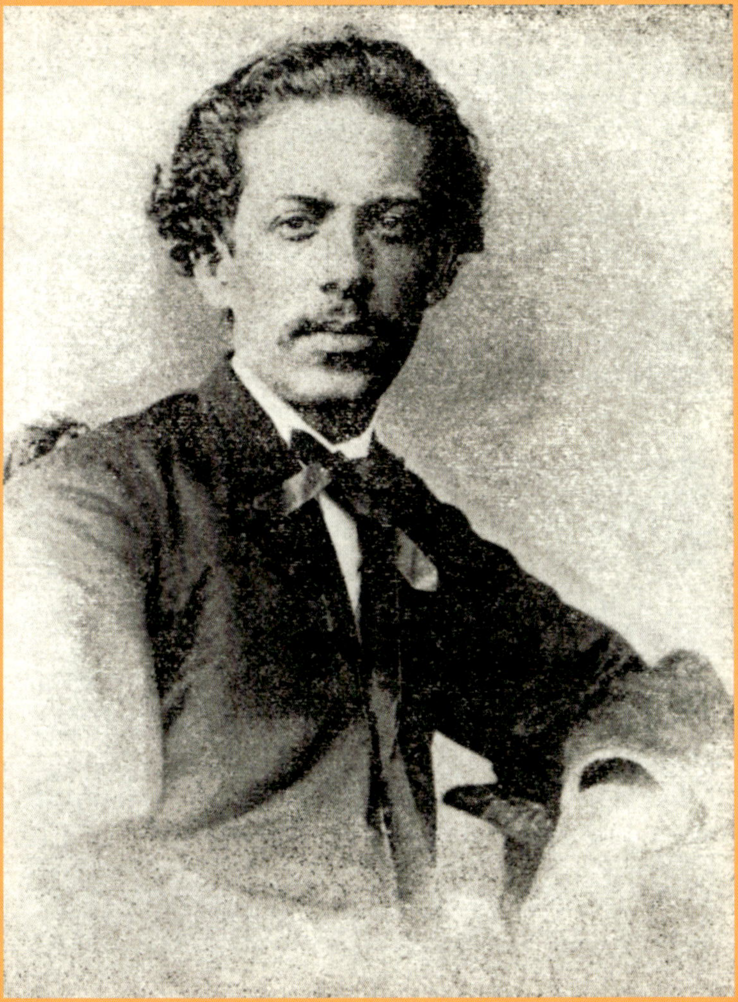
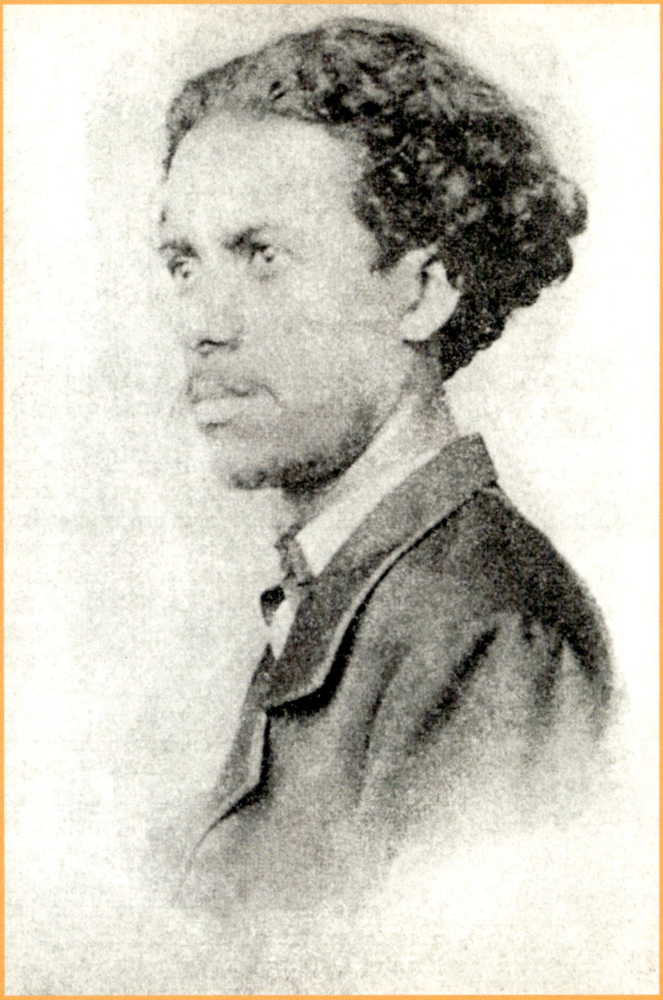

Rio de Janeiro: Botafogo Corcovado.

"Mais de uma vez tenho lido e ouvido que a cidade do Rio de Janeiro nada tem de airosa e garbosa, ao menos na parte primitiva, a muitos respeitos inferior aos arrabaldes. Não me oponho a esse juízo; mas eu não conheço as belas cidades estrangeiras, e depois, falo da minha terra natal, e a terra natal, por mais que seja uma aldeia, é sempre o paraíso do mundo. Em compensação do que não lhe deram ainda os homens, possui ela o muito que lhe deu a natureza, a sua magnífica baía, as montanhas e colinas que a cercam, e o seu céu de esplêndido azul."

[Nota ao poema "O Almada", 1879]

Na página à esquerda, o bairro carioca de Botafogo vendo-se, ao fundo, o Corcovado, Georges Leuzinger, c. 1845.

Com a poesia "Ela" tem início, em 1855, a colaboração de Machado de Assis na *Marmota Fluminense*, que se estenderia até 1861.

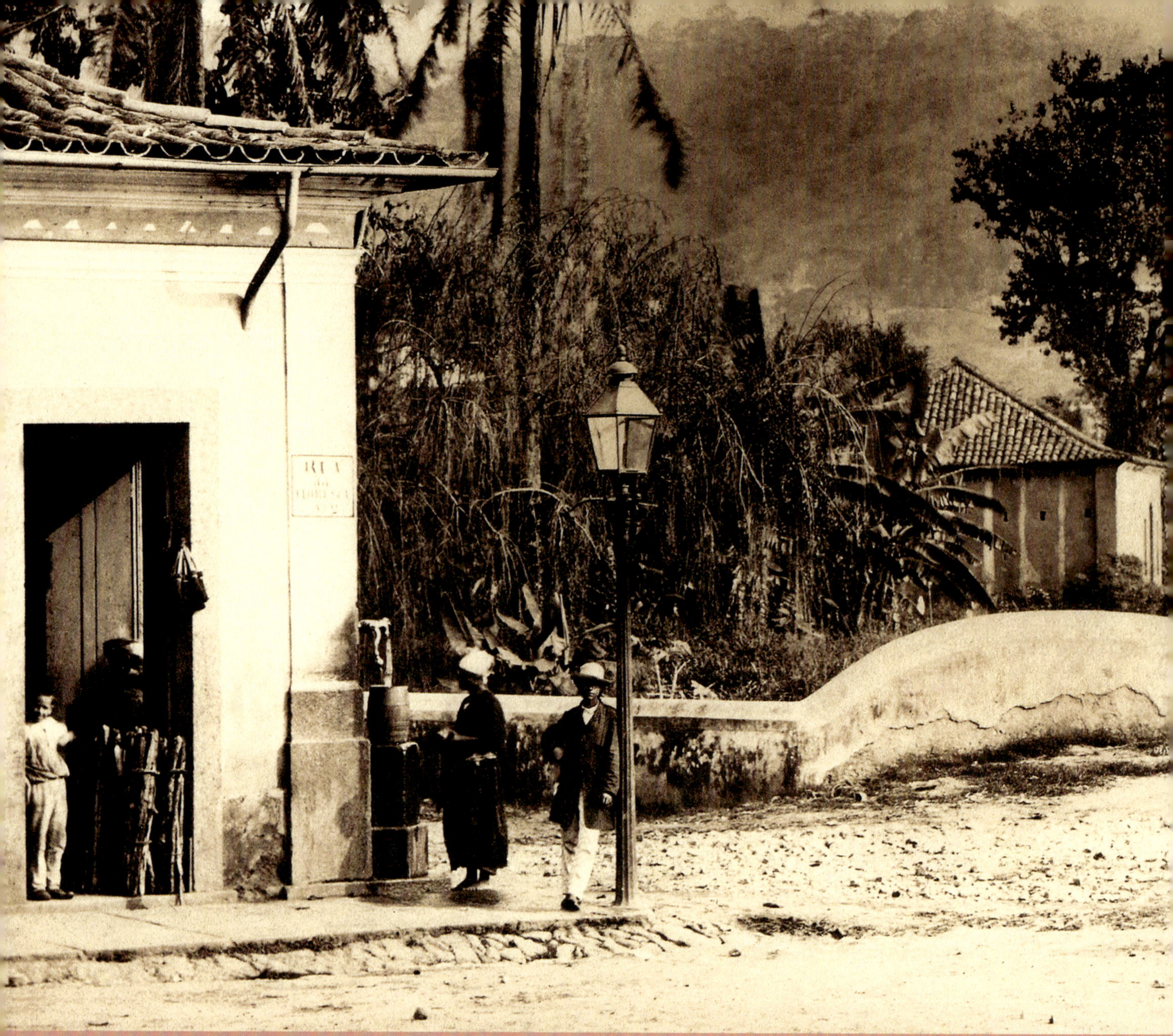

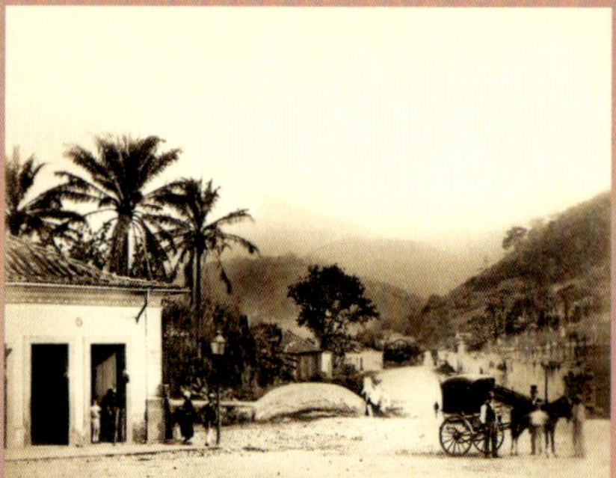

"Dito isto, expirei às duas horas da tarde de uma sexta-feira do mês de agosto de 1869, na minha bela chácara de Catumbi. Tinha uns sessenta e quatro anos, rijos e prósperos, era solteiro, possuía cerca de trezentos contos e fui acompanhado ao cemitério por onze amigos."
[*Memórias póstumas de Brás Cubas*, 1881, capítulo primeiro, "Óbito do autor"]

Rua da Floresta, vendo-se à direita o Cemitério do Catumbi, Augusto Stahl, c. 1865.

"A Rua do Ouvidor resume o Rio de Janeiro. A certas horas do dia, pode a fúria celeste destruir a cidade; se conservar a Rua do Ouvidor, conserva Noé, a família e o mais. Uma cidade é um corpo de pedra com um rosto. O rosto da cidade fluminense é esta rua, rosto eloqüente que exprime todos os sentimentos e todas as idéias..."
["Tempo de crise", conto publicado no *Jornal das Famílias* em abril de 1873]

Trecho da Rua do Ouvidor, *carte de visite* do fotógrafo H. J. Aranha, c. 1863.

Na página à direita, Largo do Paço e Rua Direita, Camillo Vedani, c. 1865.

"Foi no Rio de Janeiro, começou ele, defronte da Capela Imperial, que era então Real, em dia de grande festa; minha avó saiu, atravessou o adro, para ir ter à cadeirinha, que a esperava no largo do Paço. Gente como formiga. O povo queria ver entrar as grandes senhoras nas suas ricas traquitanas. No momento em que minha avó saía do adro para ir à cadeirinha, um pouco distante, aconteceu espantar-se uma das bestas de uma sege; a besta disparou, a outra imitou-a, confusão, tumulto, minha avó caiu, e tanto as mulas como a sege passaram-lhe por cima. Foi levada em braços para uma botica da rua Direita, veio um sangrador, mas era tarde; tinha a cabeça rachada, uma perna e o ombro partidos, era toda sangue; expirou minutos depois."

[*Quincas Borba*, 1891, cap. VI]

"Sempre quedo, com a fronte inclinada,
Acoberto dum véu denegrido;
Tu pareces gigante que dorme
Sobre as águas do mar esquecido."
["O pão d'açúcar", 1855]

"Sucessos em terra, sucessos no mar. Voa um prédio; inaugura-se a linha de navegação entre este porto e o de New York. No fim de uma coisa que acaba, há outra que começa; e a morte pega com a vida: eterna idéia e velha verdade. Que monta? Ao cabo, só há verdades velhas, caiadas de novo."
["Notas semanais", 02.06.1878]

Georges Leuzinger (primeiro à esquerda) com amigos em frente ao porto do Rio de Janeiro em fotografia de sua autoria, c. 1865.

Na página à esquerda, trecho do bairro do Catete, vendo-se à esquerda o Hotel dos Estrangeiros e, ao fundo, o Pão de Açúcar, Georges Leuzinger, c. 1865.

Entre os abaixo assignados Joaquim Maria Machado de Assis, autor, e B L Garnier, editor, foi contratado o seguinte

1º

Joaquim Maria Machado de Assis vende a B L Garnier a propriedade plena e inteira não só da primeira como de todas as seguintes de suas poesias intituladas "Chrysalidas" á razão de cento e cincoenta réis por cada exemplar que o editor mandar imprimir, pagaveis por edições na occasião de se expor cada uma d'ellas á venda.

2º

B L Garnier dará a Joaquim Maria Machado de Assis quarenta exemplares brochados da primeira edição para distribuir por seus amigos, ficando todas as seguintes livres d'este onus.

3º

Em fé do que passarão as partes dois contratos de igual theor por cujo cumprimento se obrigão por si e seus bens bem como por seus herdeiros e successores, cujos contratos entre si trocarão depois de assignados.

Rio de Janeiro 26 de Julho de 1864

Joaqm Ma Machado de Assis

B L Garnier

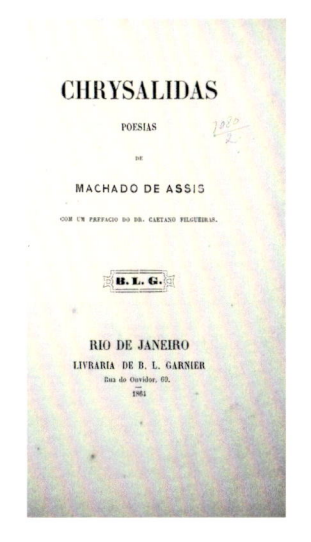

Na página à esquerda, contrato firmado com B. L. Garnier em 1864 para a publicação de *Crisálidas*.

No alto, capa da primeira edição de *Crisálidas* e, à direita, Machado de Assis em litografia de Henrique Fleiuss, publicada em *A Semana Ilustrada*, novembro de 1864.

Folhas de rosto das primeiras edições de textos para teatro de Machado de Assis publicadas entre 1861 e 1864, incluindo a tradução *Queda que as mulheres têm para os tolos*. Nomeado membro do Conservatório Dramático, Machado de Assis apareceria em 1871 numa caricatura de Henrique Fleiuss para a *Semana Ilustrada* entre os censores teatrais Joaquim Manuel de Macedo (no alto), Antonio Vitorino de Barros, Cardoso de Menezes e Antônio Félix Martins.

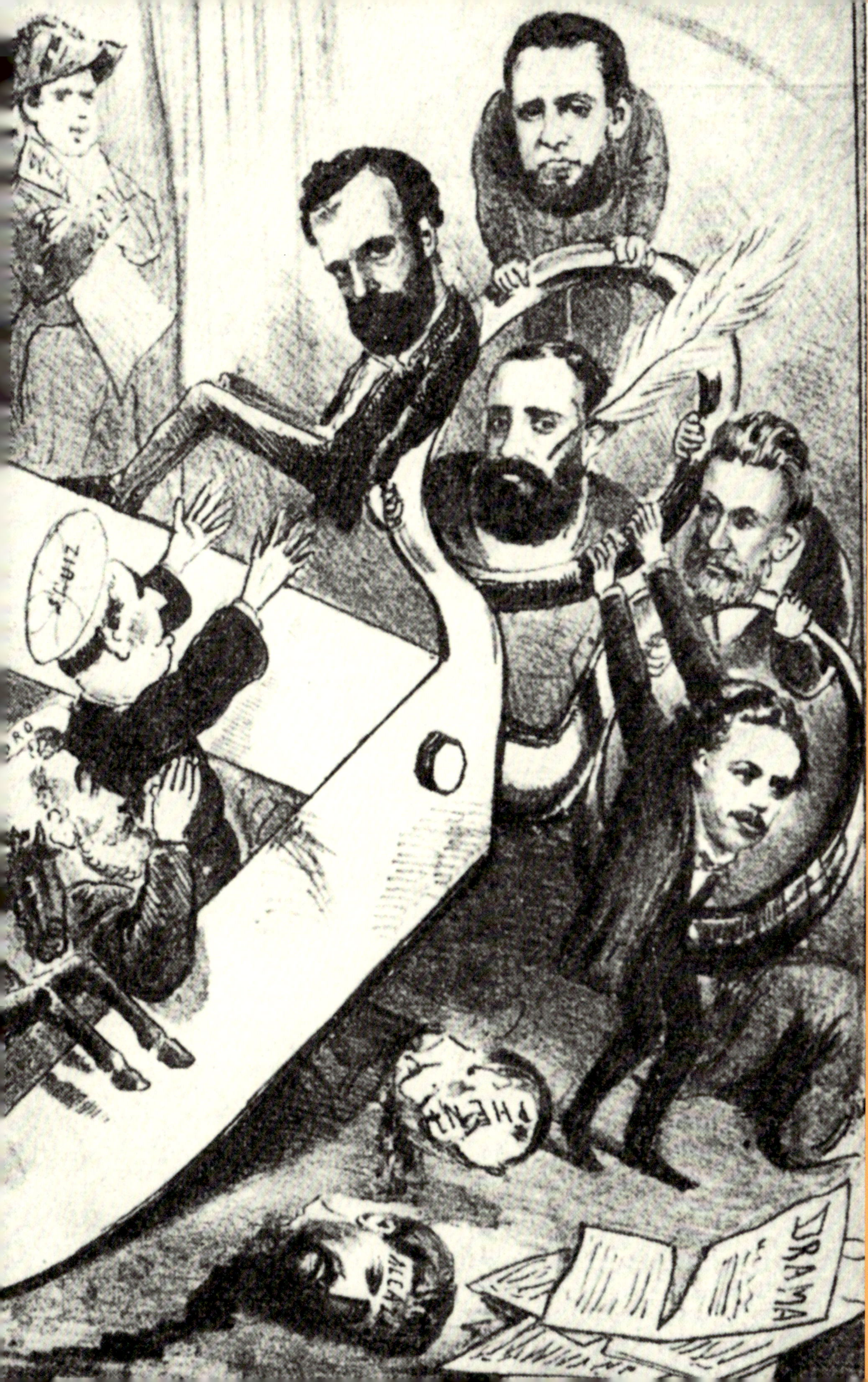
DRAMA

Candidato a deputado pelo 2º distrito de Minas
Gerais para a legislatura 1867-1868, Machado
de Assis (o segundo da esquerda para a direita)
aparece em caricatura na capa do periódico
Pandokeu, maio de 1866.

PANDOKEU

CÔRTE
Um anno . 12$000
Seis mezes . 6$000
Tres mezes . 3$500

PROVINCIAS
Um anno . . . 14$000
Seis mezes . . 7$000
Avulso 500

ANNO I.   Assigna-se e vende-se nesta typographia.   **N° 38**

Os Mineiros da Desgraça.

MOLEQUE: (ao *Pandokeu*) Tenho a honra de apresentar a V. Ex. os tres melhores candidatos á deputação de Minas-Geraes. Um escreveu as *Ventoinhas*, dizem: ha *umas figas, qu'abraçadas*, outro é o homem da *immigração*, ponto de admiração do patriotismo, e o terceiro é o homem do *amor de crença*, forte pulha. Todos tres amam a si e a patria sobre todas as cousas e ao proximo como a si mesmo.

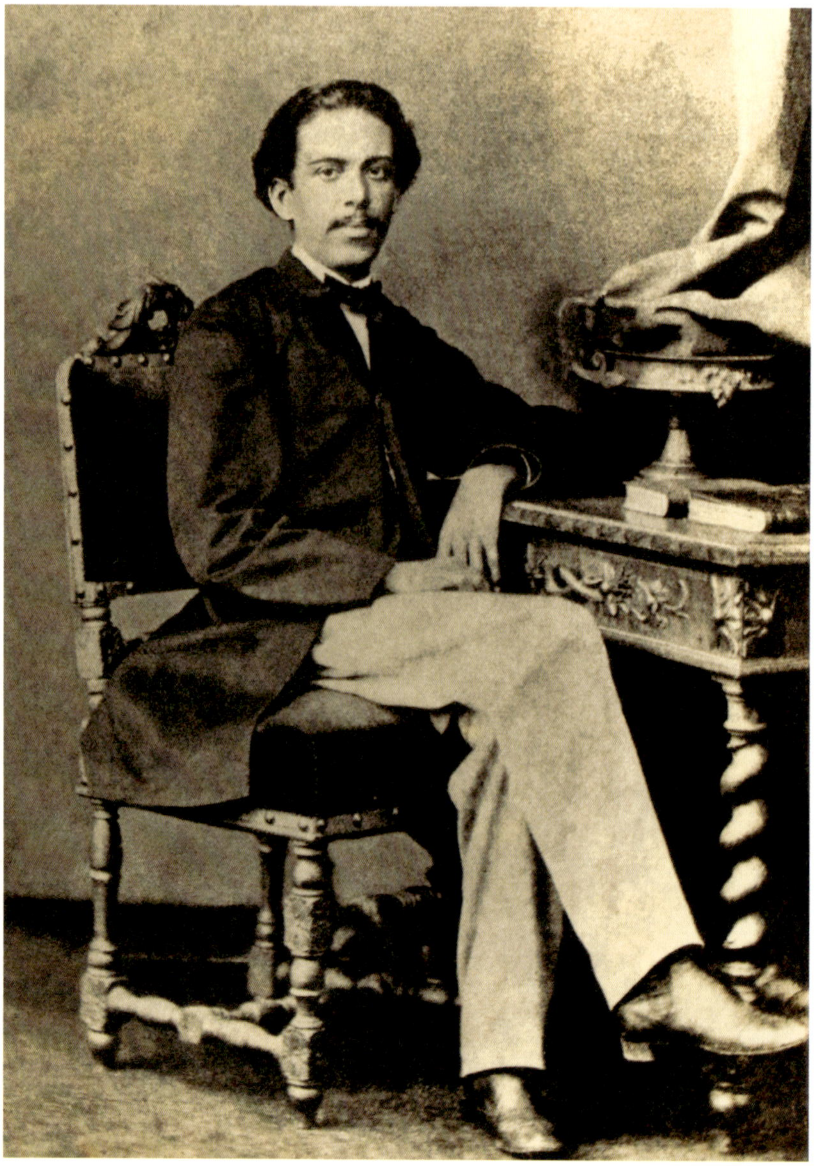

Duas fotografias de Machado de Assis tiradas no
estúdio do fotógrafo Insley Pacheco, c. 1864.

1869
1879

1869 Firma contrato com B. L. Garnier para as obras *Contos fluminenses, Falenas, Ressurreição, O manuscrito do licenciado Gaspar* e *Histórias da meia-noite*. Em 12 de novembro, casa-se com Carolina Augusta Xavier de Novaes, e passam a morar na rua dos Andradas.

1870 Publica *Contos fluminenses*, seu primeiro livro de contos.

1871 Machado de Assis é nomeado membro do Conservatório Dramático, no Rio de Janeiro.

1872 Estréia no romance com *Ressurreição*.

1873 Publica o volume de contos *Histórias da meia-noite* e o estudo "Notícia da atual literatura brasileira – Instinto de nacionalidade". É nomeado primeiro oficial da Secretaria de Estado do Ministério da Agricultura, Comércio e Obras Públicas. Neste ano, Machado e Carolina moravam na rua de Santa Luzia, 54.

1874 Início da publicação de *A mão e a luva* no jornal *O Globo*, do Rio de Janeiro; o romance sai em volume no mesmo ano. O casal passa a morar na rua da Lapa, 96, 2º andar.

1875 Publicação do volume de versos *Americanas*. O casal muda-se para a rua das Laranjeiras, 4.

1876 Firma contrato com B. L. Garnier para a primeira edição do romance *Helena*. O romance sai primeiro em *O Globo*, do Rio de Janeiro, e logo em seguida em livro. Inicia colaboração na *Ilustração Brasileira*, em que publicaria as séries de crônicas "História de quinze dias" e "História de trinta dias". No final do ano, é promovido a chefe de seção da Secretaria da Agricultura.

1877 Em 13 de dezembro, comparece ao enterro de José de Alencar.

1878 Publicação do romance *Iaiá Garcia*, que marca o início das colaborações para o periódico *O Cruzeiro*, entre as quais se destacam as críticas sobre *O primo Basílio*, de Eça de Queirós. *Iaiá Garcia* sai em volume no mesmo ano. O casal muda-se para a rua do Catete, 206. Em dezembro, por motivo de doença, Carolina e Machado seguem para Nova Friburgo, de onde voltam em março do ano seguinte.

1879 Início da colaboração na *Revista Brasileira*, onde publica o estudo "A nova geração". Começa a colaborar também em *A Estação*.

Machado de Assis em *carte de visite*
de Insley Pacheco, c. 1874.

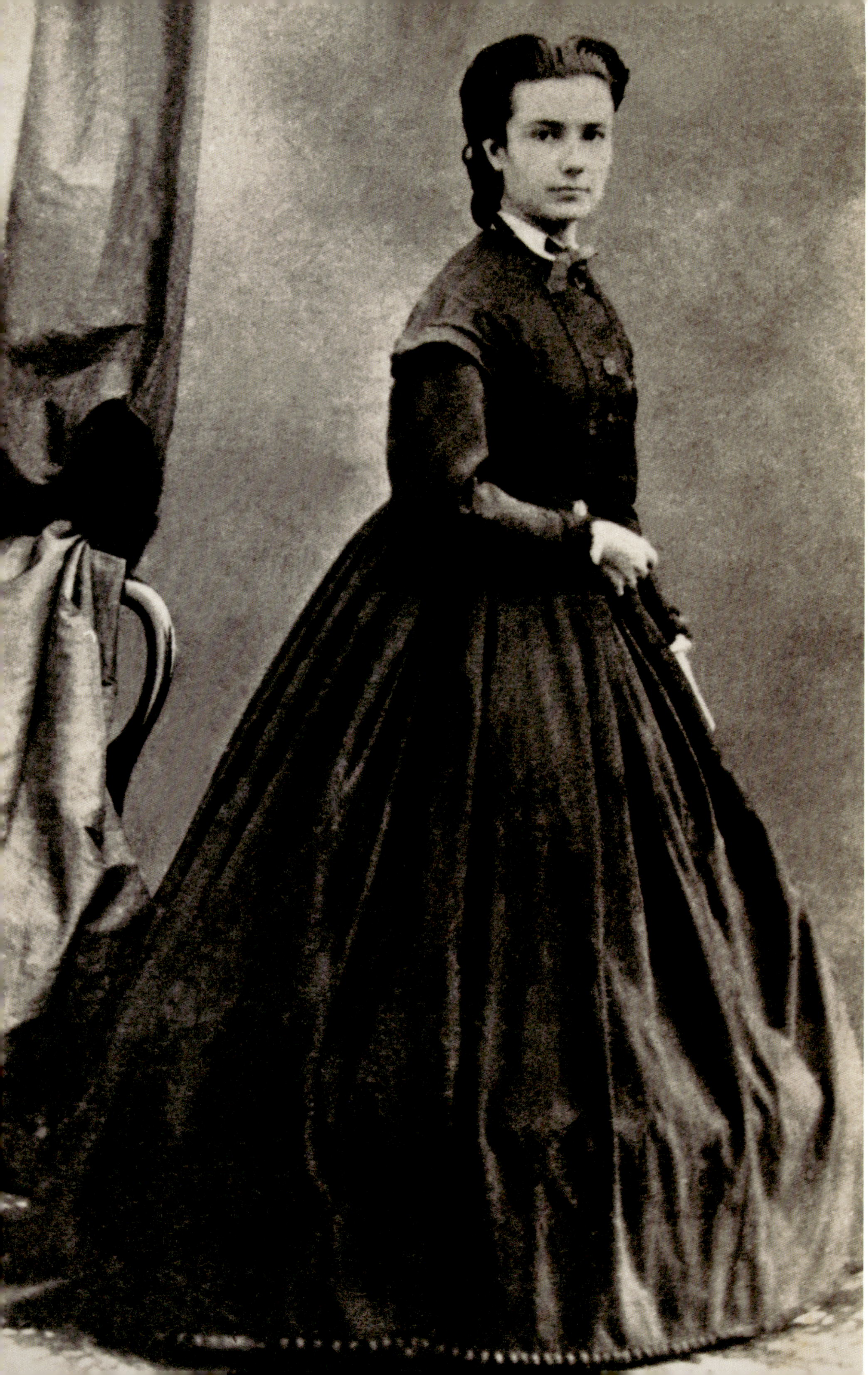

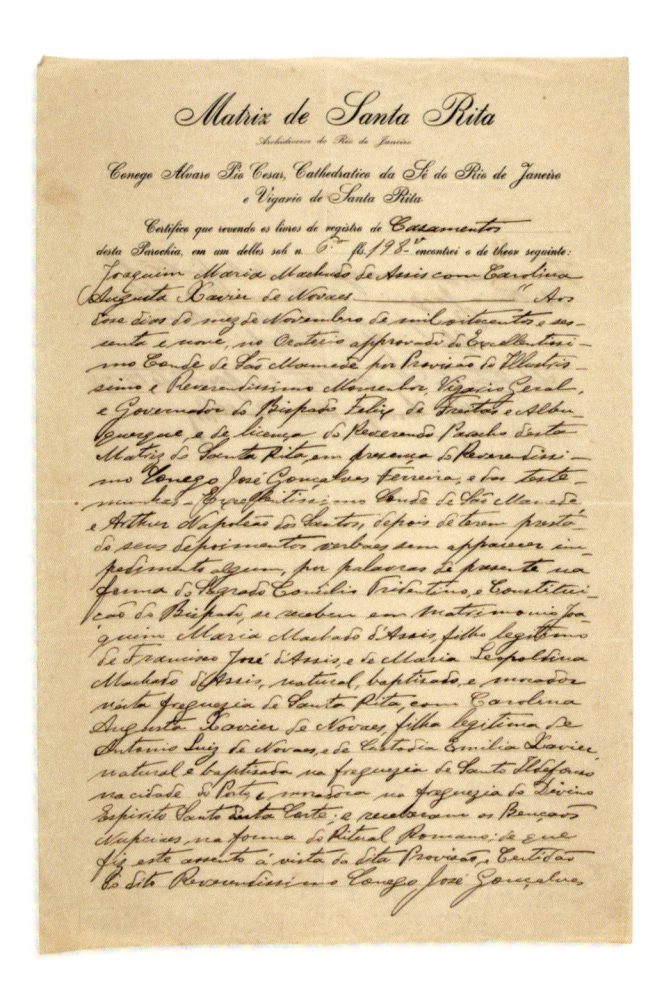

Carolina Augusta Xavier de Novaes em 1869, ano em que se casou com Machado de Assis, em fotografia de Insley Pacheco.

Ao lado, transcrição do livro de registro de Casamentos da Matriz de Santa Rita, realizada em 1927.

Carolina, com quem Machado foi casado por 35 anos. No alto, à esquerda, fotografia tirada ainda em Portugal. Ao lado, tomada no estúdio de Insley Pacheco, no Rio de Janeiro.

Na página à direita, de baixo para cima, *cartes de visite* de Carolina em três momentos da vida: em torno dos 30 anos (foto de Carneiro & Gaspar), aos 44 e aos 60 anos (fotos de Pacheco & Filho).

274.R.

Pacheco & Filho.
Rua do Ouvidor 102.   Rio de Janeiro

Pacheco & Filho
Photogr. & Phos
& Pintores
Rua do Ouvidor 102
·Rio·

CARNEIRO & GASPAR

Capa da primeira edição de
Contos Fluminenses, 1870.

Na página à direita, o Dr. Semana,
pseudônimo de Henrique Fleiuss,
proprietário, diretor e ilustrador
do periódico, comenta o lançamento
de *Contos Fluminenses*.

SEMANA ILLUSTRADA

Preço das assignaturas para a côrte.	DECIMO ANNO	Preço das assignaturas para as provincias.
Trimestre . . . . . 5$000	**N. 480.**	Trimestre . . . . . 6$000
Semestre . . . . . 9$000		Semestre . . . . . 11$000
Anno . . . . 16$000	PUBLICA-SE	Anno . . . . 18$000
Avulso 500 rs.	TODOS OS DOMINGOS	Avulso 500 rs.

CONTOS FLUMINENSES. (Por Machado de Assis, editor Garnier.)

D<small>R</small>. S<small>EMANA</small>: — Estes *Sete Contos* do Machado de Assis honram-o sobremaneira, enriquecem a nossa litteratura...

M<small>OLEQUE</small>: — .... e tambem a bolsa do auctor e do editor.

Rio, 20 de outubro de 1871

Illmo. Sr. Conego Dr. J. C. Fernandes Pinheiro.

Estou de posse da collecção de Revistas, que o Instituto Historico e Geographico Brasileiro, a pedido do seu illustrado 3º vice-presidente, o Sr. Dr. Joaquim Norberto de Souza e Silva, resolveu me fosse remettida. Rogo a V. S. queira transmittir á illustre associação, de que é mui digno secretario, os meus cordiaes agradecimentos.

Aproveito a occasião para offerecer a V. S. os meus fracos protestos, e assigno-me

De V. S.
Adm.º e servo m.to obrigado.
J. M. Machado de Assis.

Lata 180 – Doc. 47

No alto, Machado de Assis agradece ao Cônego Fernandes Pinheiro o recebimento de uma coleção da *Revista do Instituto Histórico e Geográfico Brasileiro*.

Na página à direita, flagrante do centro do Rio de Janeiro na segunda metade do século XIX de autoria de Marc Ferrez.

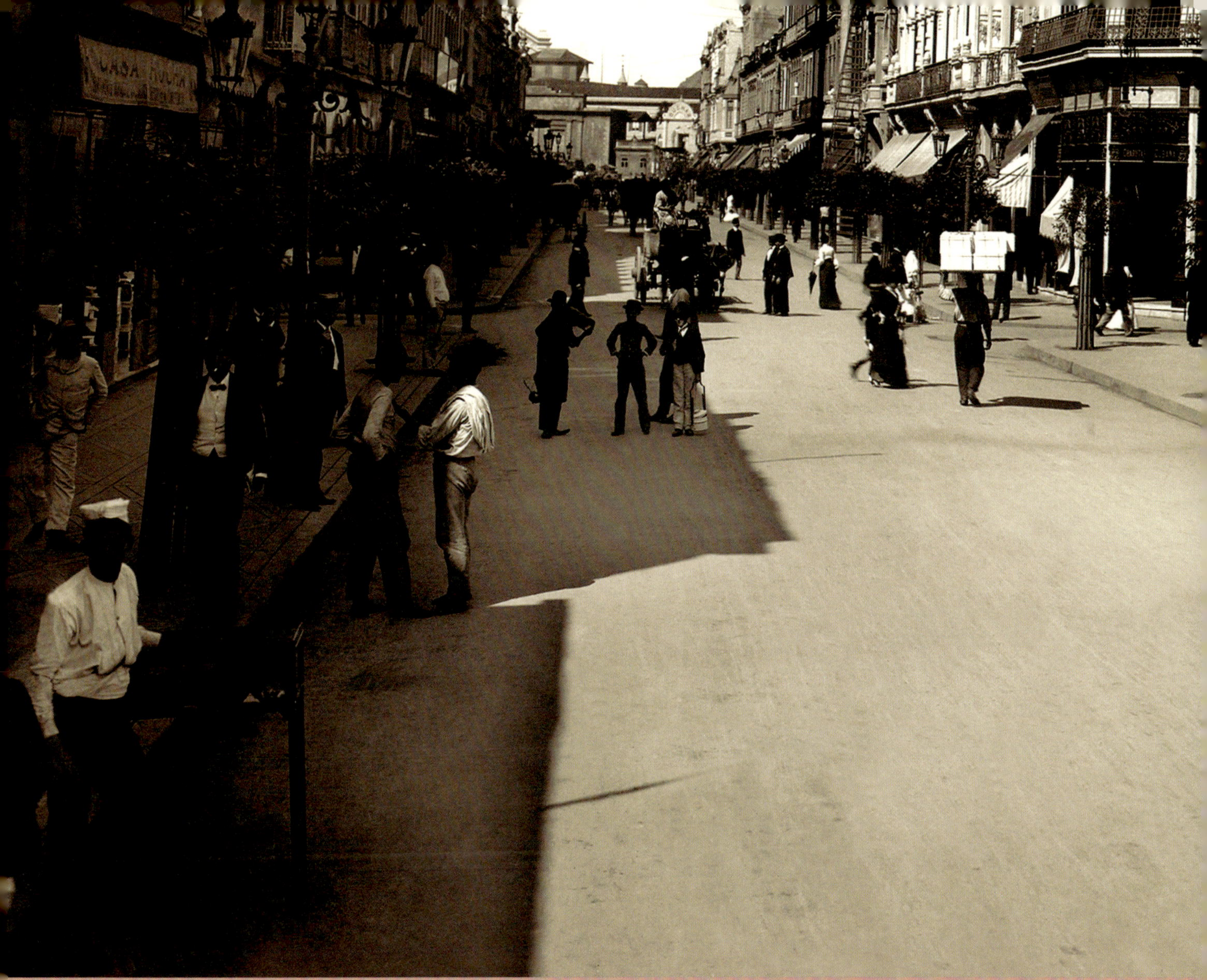

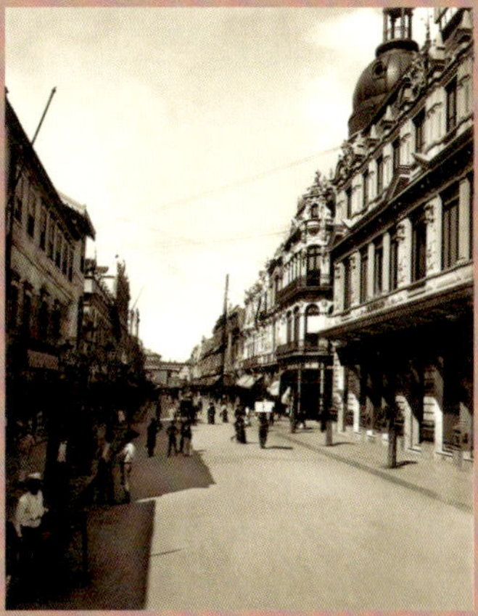

Ao Ex.mo Sr. Conselheiro
J. M. Latino Coelho,
offerece,
como uma homenagem de admiração,
Machado de Assis

Capa da primeira edição de *Falenas*, 1870, e dedicatória ao Conselheiro Latino Coelho.

Na página da direita, Praia de Botafogo, Marc Ferrez, c. 1875.

"Não levarão daqui a nossa vasta baía, as nossas grandezas naturais e industriais, a nossa Rua do Ouvidor, com o seu autômato jogador de damas, nem as próprias damas. Cá ficará o gigante de pedra, memória da quadra romântica, a bela Tijuca, descrita por Alencar em uma carta célebre, a Lagoa de Rodrigo de Freitas, a Enseada de Botafogo, se até lá não estiver aterrada, mas é possível que não".
["A Semana", 07.06.1896]

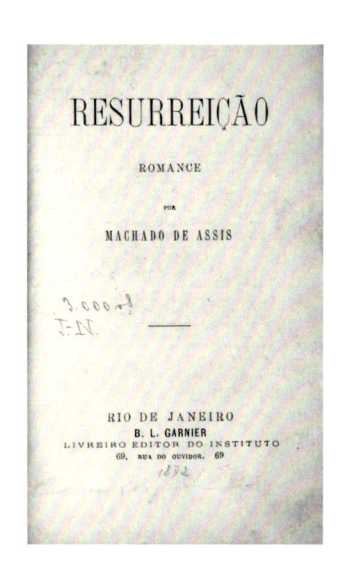

Capa da primeira edição de
Ressurreição, 1872.

Na página da direita, Machado de Assis
e alguns personagens de *Ressurreição* em
desenho de Henrique Fleiuss publicado
na *Semana Ilustrada*, maio de 1872.

Livia

Felix

Capa da primeira edição de *Histórias da meia-noite*, 1873.

Contrato firmado em 1869 com B. L. Garnier para edição de *Ressurreição*, que seria publicado em 1872, *O manuscrito do licenciado Gaspar*, que não chegou a ser escrito, e *Histórias da meia-noite*, volume de contos que saiu em 1873.

Em 1873, Machado de Assis, que apenas estreara como romancista no ano anterior, com *Ressurreição*, aparece, na página da direita, ao lado de José de Alencar, consagrado autor de *O guarani*.

ARCHIVO CONTEMPORANEO

Periodico Illustrado

Condições de assignatura
Côrte: trimestre, 6$000 – Provincias: trimestre, 8$000
Numero avulso, 1$500.

Proprietario, **A. A. de Carvalho**

Redacção e administração
84, Rua da Assembléa, 84
Rio de Janeiro
1º Anno. N.10   30 de Janeiro de 1873

Observações
Acceita-se toda a collaboração desde que esteja de accordo com o programma do jornal, não se garantindo a publicação dos artigos remettidos, nem ficando a redacção responsavel pela entrega de manuscriptos.

José de Alencar   Machado de Assis

O SR. J. BARBOSA RODRIGUES.

O SR. MACHADO DE ASSIS.

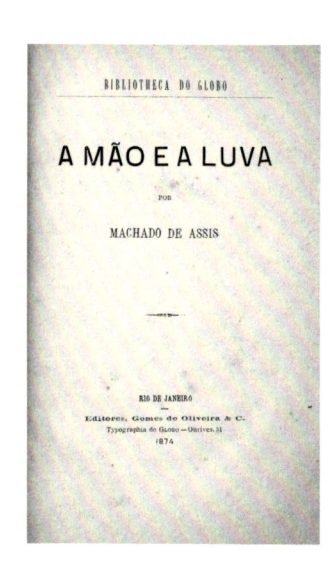

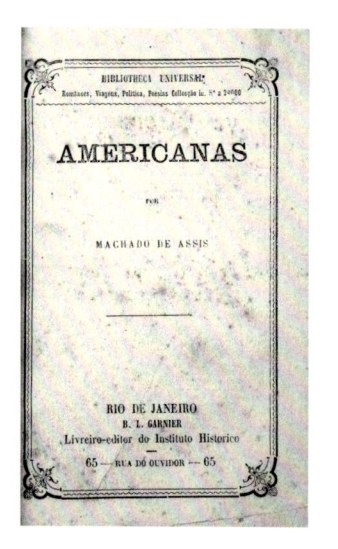

Capas das primeiras edições de *A mão e a luva*, de 1873, e *Americanas*, volume de versos publicado no ano seguinte.

Na página à direita, Machado de Assis, *carte de visite* do estúdio do fotógrafo Alberto Henschel, c. 1876.

Nas páginas anteriores, Machado de Assis ao lado do botânico e naturalista J. Barbosa Rodrigues, em ilustração de *O Novo Mundo*, revista editada em Nova York, 1875.

274.R.5

BIBLIOTHECA UNIVERSAL
Romances, Viagens, Politica, Poesias, etc.
Collecção in-8º a 2$000

HELENA

POR

MACHADO DE ASSIS

RIO DE JANEIRO
B. L. Garnier
Livreiro-editor do Instituto Historico Brasileiro
65 — Rua do Ouvidor — 65
PORTO: Ernesto Chardron | BRAGA: Eugenio Chardron
LISBOA: Cor. siao & C.
1876

Regatas do Club Guanabarense em Botafogo.

...globo ao alcance de todos

Machado de Assis cinzelando primorosamente uma bellissima Helena no rodapé do «Globo».

D. Q...
luxuosa
blico po
grande

engghado

Bailes e concertos no Cassino, Mozart e Philarmonica.

de La Mancha, vestido
e, apresentado ao pu-
ntonio Moutinho. Duas
rias

Festas, hymnos, illuminações, emfim os prazeres da independencia.

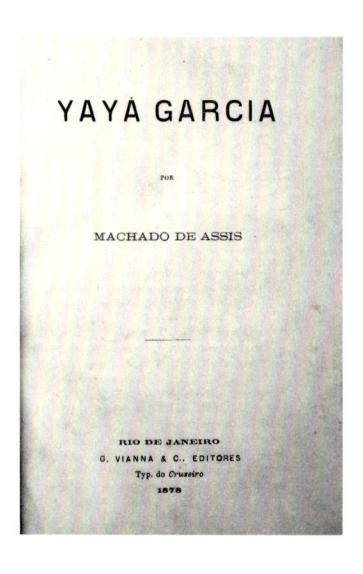

Capa e anúncio da primeira edição
de *Iaiá Garcia*, 1878.

Na página à direita, litografia de
Bordallo Pinheiro alusiva ao romance
publicado originalmente em
O Cruzeiro, 1878.

Nas páginas anteriores, capa
da primeira edição de *Helena*, 1876,
e ilustração de Bordallo Pinheiro
que coloca a publicação do romance
sob a forma de folhetim no jornal
O Globo entre os fatos importantes
daquela semana de agosto de 1876.

LITTERALOGIA

Casamento do Commendador Motta Coqueiro e di Yá-Yá Garcia.

No momento em que Yá-Yá Garcia e o Sr. Motta Coqueiro *recebem* a voz, dada pelo bojudo mediaineiro dos idealismos, cahe, como um raio junto aos conjuges o *Primo Basilio* que, tendo esgotado *em sensações* novas toda a borracha do Paraguay, volta a explorar a borracha do Pará esperando igual exito. Ao ver, porém, Yá-Yá Garcia casando por conveniencia com Motta Coqueiro, homem que apenas se prende ás *sensações* do seu negocio, embeve-se no *tranquillo olhar cór de rosa onde se reflectem os azulados raios da argentea lua*; e suspenso em extasis das aureas e vastas madeixas cór de cenoura da poetica Yá-Yá, atira para trás das costas a borracha do Pará e diz:

Estava transviado! Estou confundido. — Esta Yá-Yá é quem me vai dar sensações novas! Olaré!

No alto e na página à direita,
Rua Direita, atual Primeiro de Março,
Marc Ferrez, sem data.

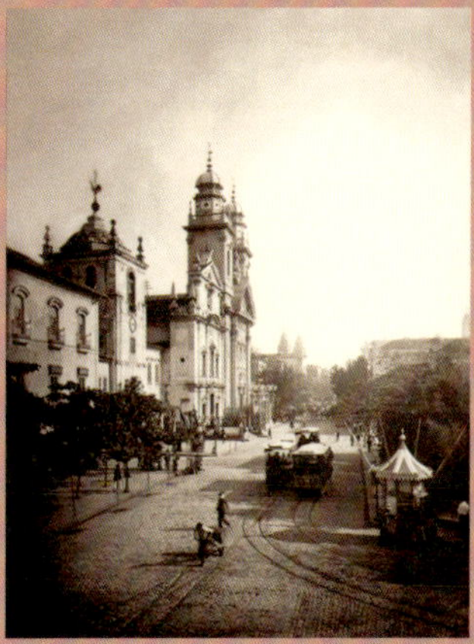

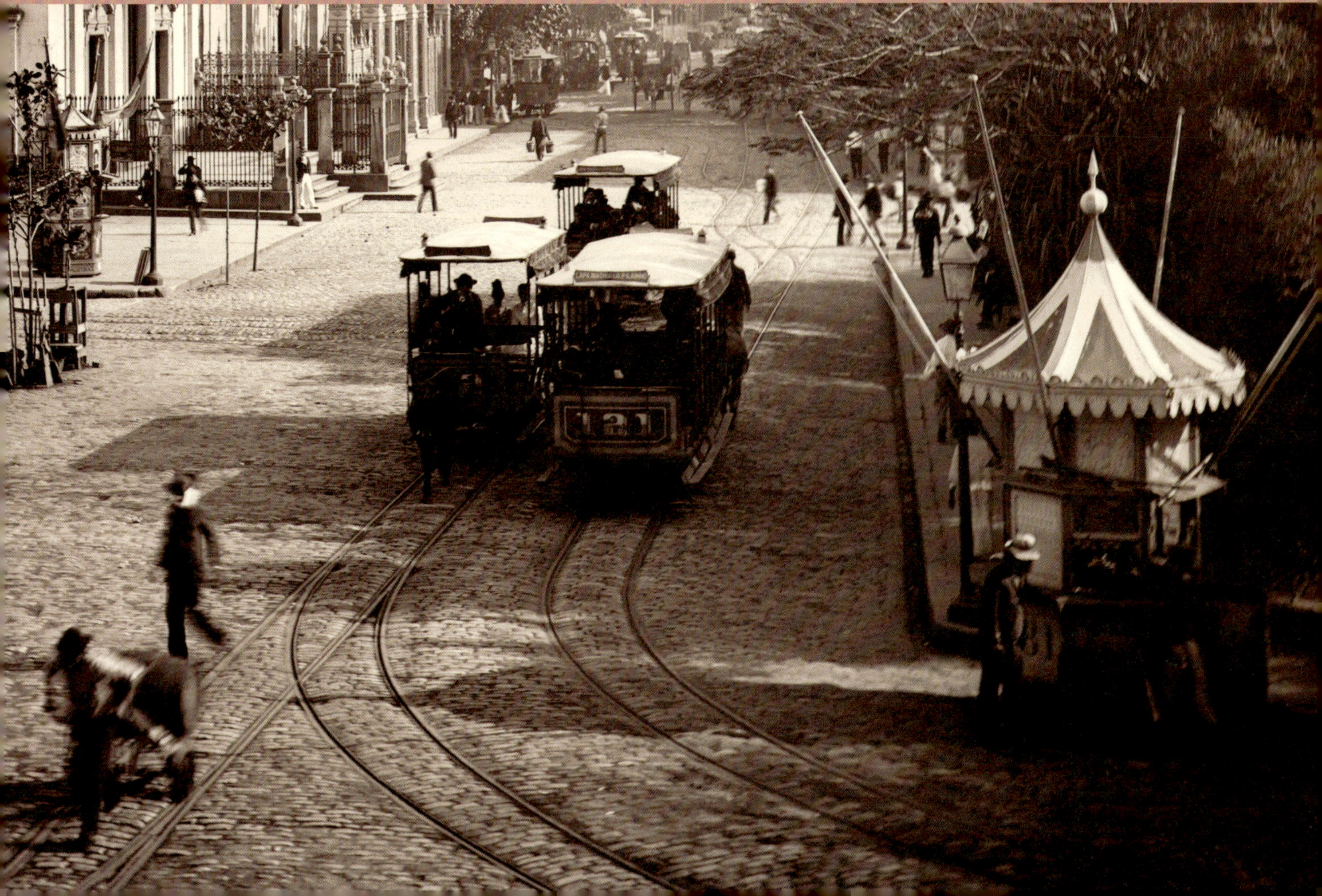

Meu caro poeta e amigo

Escrevo-lhe por mão alheia, o que lhe provará que os meus olhos ainda me trazem separado do resto do mundo. Felizmente, a separação não é tal que me torne esquecido dos bons amigos, como V., e claramente o senti agora ao receber a sua Thecla. Adivinho o que ella vale, já porque conheço o alto merito do author, já pela noticia que me leram hoje em um dos jornaes. Ouvil-a-hei ler pelos olhos de minha mulher.

Se o tempo m'o permittir

irei amanhã assistir á defeza
da snr.ª Thera, visto que o medico
já me consente sahir um pouco,
com a condição de evitar humidade e sol.

Minha mulher retribue
os cumprimentos de sua Ex.ma
senhora, a quem peço me apresente
os meus respeitos.

Muitos e muitos agradecimentos
do

am.º , obr.º
Machado de Assis.

17-11-78.

Na página à esquerda e acima, carta a F. A. de Menezes Dória
manuscrita por Carolina em 1878, no período em que Machado
de Assis foi acometido por moléstia que atacou sua vista,
impossibilitando-o de escrever.

1880
1889

1880 Em 15 de março, início da publicação de *Memórias póstumas de Brás Cubas* na *Revista Brasileira*, publicadas em volume no ano seguinte. É representada, no Teatro de D. Pedro II, a comédia em um ato, *Tu só, tu, puro amor...*, por ocasião das comemorações do tricentenário de Camões.

1881 Início da colaboração na *Gazeta de Notícias*, para a qual escreveria regularmente até 1897; nesse jornal saem as séries de crônicas "Balas de estalo", "A+B", "Gazeta de Holanda", "Bons dias" e "A semana".

1882 Publicação do livro de contos *Papéis avulsos*. No início do ano, escreve a Joaquim Nabuco, comunicando-lhe que sairá da Corte por uns dois meses a fim de restaurar as forças perdidas no trabalho excessivo que tivera em 1880 e 1881.

1883 Recebe de Artur Azevedo umas lascas e folhas do salgueiro plantado na sepultura de Musset. Nesse ano, começa a aprender alemão.

1884 Publicação do volume de contos *Histórias sem Data*. Machado e Carolina mudam-se para a rua Cosme Velho, 18, onde viveriam até a morte.

1886 Início da publicação do romance *Quincas Borba*, em *A Estação*. O romance só sairia em volume em 1891. Em 6 de outubro, participa da comemoração do 22º aniversário da publicação de *Crisálidas*.

1887 Escreve o prefácio de uma edição de *O guarani*, de José de Alencar.

1888 Por decreto imperial, é elevado à categoria de oficial da Ordem da Rosa. Por ocasião dos festejos da Abolição, desfila de carro, em companhia do seu colega e amigo, o jornalista Ferreira de Araújo.

1889 Machado de Assis é promovido a diretor da Diretoria do Comércio no Ministério da Agricultura.

Machado de Assis,
carte de visite, c. 1885.

Machado de Assis,
litografia de Augusto Off
para *Pena & Lápis*.

Anno I. — QUINTA-FEIRA 10 DE JUNHO DE 1880. — Numero 2.

PENNA & LAPIS

Machado de Assis.

Mercado público nas
proximidades do Cais Pharoux,
Juan Gutierrez, 1880.

Na página à direita,
Cais Pharoux e adjacências,
Marc Ferrez, 1880.

"Desde que li a notícia da vinda de Luísa Michel ao Rio de Janeiro tenho estado a pensar no efeito do acontecimento. A primeira cousa que Luísa Michel verá, depois da nossa bela baía, é o cais Pharoux atulhado de gente curiosa, muda, espantada. A multidão far-lhe-á alas, com dificuldade, porque todos quererão vê-la de perto, a cor dos olhos, o modo de andar, a mala. Metida na caleça com o empresário e o intérprete, irá para o Hotel dos Estrangeiros, onde terá aposentos cômodos e vastos. Os outros hóspedes, em vez de fugirem à companhia, quererão viver com ela, respirar o mesmo ar, ouvi-la falar de política, pedir-lhe notícias da comuna e outras instituições."
["A Semana", 20.10.1895]

REVISTA BRAZILEIRA

PRIMEIRO ANNO

TOMO III

RIO DE JANEIRO
N. MIDOSI, Editor
ESCRIPTORIO DA REVISTA BRAZILEIRA
Rua de Gonçalves Dias 57
M DCCC LXXX

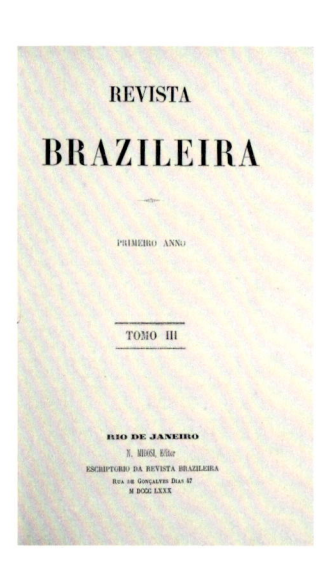

MEMORIAS POSTHUMAS DE BRAZ CUBAS

> I will chide no breather in the world but myself; against whom I know most faults.
>
> Não é meu intento criticar nenhum folego vivo, mas a mim sómente, em quem descubro muitos senões.
>
> SHAKSPEARE, *As you like it*,
> act. III, sc. II

CAPITULO I.

OBITO DO AUTOR.

Algum tempo hesitei se devia abrir estas memorias pelo principio ou pelo fim, isto é, se poria em primeiro logar o meu nascimento ou a minha morte. Supposto o uso vulgar seja começar pelo nascimento, duas considerações me levaram a adoptar differente methodo: a primeira é que eu não sou propriamente um autor defunto, mas um defunto autor, para quem a campa foi outro berço; a segunda é que o escripto ficaria assim mais galante e mais novo. Moysés, que tambem contou a sua morte, não a poz no introito, mas no cabo: differença radical entre este livro e o Pentateuco.

Dito isto, expirei ás duas horas da tarde de uma sexta feira do mez de agosto de 1869, na minha bella

Tomo III. — 15 de março, 1880.

Na Revista Brasileira de 15 de março de 1880 teve início a publicação de Memórias póstumas de Brás Cubas, lançado em livro no ano seguinte.

Na página à direita, recibo de Machado de Assis pela primeira edição de 470 exemplares de Brás Cubas.

Recebi do Illmo. Sr. B. L. Garnier a quantia de
seiscentos mil reis, importancia de quatrocentos
e setenta exemplares do meu livro *Memorias Posthumas de Braz Cubas*, obrigando-me a não
fazer 2ª edição do referido livro, antes que o dito
Sr. Garnier haja vendido aquelles exemplares.
Rio de Janeiro, 12 de Janeiro de 1881.

Machado de Assis

fº 190   Nº 488
Machado de Assis
Memorias de Braz Cuba
Rs 600$00
Rio de Janeiro, 12 de Janeiro de 1881

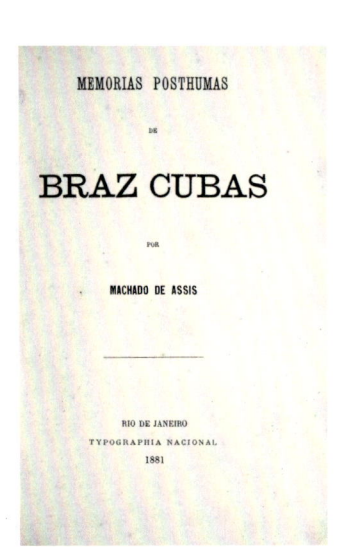

Capa da primeira edição de *Memórias póstumas de Brás Cubas*, 1881, anunciada em página de classificados do *Jornal do Commercio*, 14.01.1881.

... CIBRÃO
FARÁ LEILÃO
DO
PREDIO TERREO
SITUADO Á
52 Rua Sete de Setembro 52
livre e desembaraçado de todo e qualquer onus, á excepção do contracto com o inquilino
AMANHÃ
SABBADO 15 DO CORRENTE
AO MEIO-DIA
ÁS PORTAS DO MESMO
ESTE PREDIO
desde já pôde ser examinado, que o Sr. inquilino á isso se presta, e quaesquer outras informações com o annunciante

49 RUA DA QUITANDA 49
A. CIBRÃO
effectuará no dia 18 de Janeiro corrente
ÁS 11 HORAS
O IMPORTANTE LEILÃO
DE
PREDIOS
E
TERRENOS
No centro do bairro commercial
Á
RUA DA SAUDE
Ns. 52, 54, 58 A, 60, 72, 72 A, 74 e 76
Por ordem da Exma. directoria da companhia
DOCAS D. PEDRO II
São diversos lotes de terrenos

6
IMPORTANTES PREDIOS
INCLUSIVE
Trapiches, grande armazem e sobrados para morada.
Em alguns delles estão importantes estabelecimentos.
NA MESMA OCCASIÃO
e pertencente á mesma companhia
UMA EXCELLENTE BOMBA A VAPOR
dos fabricantes Merryweather & Sons, de Londres, a qual lança jactos de agua até a altura de 100 metros.

LEILÃO AMANHÃ
DE
VINHOS DO PORTO
Bordeaux, Champagne, cofre de ferro, escrivaninha para duas pessoas, mocho, etc.
Eugenio Balmat
fará leilão, amanhã sabbado 15 do corrente, no seu armazem, rua da Assembléa, n. 63, de 145 caixas de vinhos do Porto, Bordeaux, e Champagne de diversas marcas para liquidação de factura, cofre de ferro, escrivaninha, mocho, etc.
Ás 10 1|2 horas

IMPORTANTE LEILÃO
DE
MORINS
DE
HORROCKSES MILLER & C.
A PRAZO
por ordem dos Srs.
ANDREW STEELE & C.
unicos agentes dos fabricantes nesta côrte
HOJE
SEXTA-FEIRA 14 DO CORRENTE
AO MEIO DIA
TEIXEIRA E SOUZA
em substituição a
SILVA BRAGA
venderá em leilão, em seu armazem, á
115 RUA DA QUITANDA 115
uma factura dos magnificos e bem conhecidos morins, de 40 jardas e 36 pollegadas de largura, dos acreditadissimos fabricantes acima referidos, constando das marcas:

---

casas importadoras, vende em leilão, em seu armazem, á
115 RUA DA QUITANDA 115
um variadissimo e muito importante sortimento de fazendas de todas as qualidades e procedencias, não só de lei, como fantazia.

Á 1 HORA
será vendida uma factura de
ESCOSSIAS
BATISTES ESTREITAS
E BRIM DE LINHO TRANÇADO
Tambem fazendo com avaria que serão vendidas por conta de diversos seguros.
A SABER:
500 duzias de lenços estampados, pertencentes á caixa da marca M & C n. 10, vinda pelo vapor Memnon.
Em presença de outros agentes:
16 peças de enxarcação.
26 peças de morim Sympathico, tiradas do fardo n. 938 e marca L S, vindo pelo vapor Tamar.
86 peças de morim de 10 metros.
144 peças de chita estreita pertencentes ao fardo n. 634 e marca B W dentro de um quadrangulo e C ao lado, vinda pelo vapor Memnon.
26 peças de chita larga.
120 peças de algodão torcido A A, pertencentes ás marcas ns. 195, 197 e 198, e marca P S em cima e M por baixo dentro de um quadrangulo, vinda pelo vapor Tamar.
360 mantas de feltro para cavallo.
560 laços de ferro para carretas, etc.

LEILÃO AMANHÃ
DE
SECCOS E MOLHADOS
23 RUA DE CARVALHO DE SÁ 23
Eugenio Balmat
fará leilão, amanhã sabbado 15 do corrente, por conta e ordem do Sr. Bernardo G. H. de Figueiredo, dos generos de seccos e molhados, armação, balcão, prateleiras, utensilios, que existem neste estabelecimento, por conta e qualquer preço, para liquidação da factura.
Ás 4 1|2 horas em ponto

GRANDE
E
IMPORTANTE LEILÃO
DE
FERRAGENS
ARTIGOS DE ARMARINHO
DROGAS, TINTAS
ETC.
EM CONTINUAÇÃO
AMANHÃ
SABBADO 15 DO CORRENTE
ÁS 11 HORAS
49 Rua da Candelaria 49
SILVA GARCIA
honrado com alvará de Exm. Sr. Dr. juiz da 1ª vara commercial
FARÁ ESTE LEILÃO
no dia e hora acima, e no seu armazem, rua da Candelaria, 49, de grande e completo e variado sortimento de ferragens, artigos de armarinho, drogas, tintas, moveis, etc. e tudo será vendido a quem maior lance offerecer e por conta da massa fallida de
JACOTINGA DA SILVA & C.
ÁS 11 HORAS

LEILÃO
DE
UMA LINDA ARMAÇÃO
2 VIDRAÇAS
80 ROLOS DE FUMO
CIGARROS
ETC.
HOJE
SEXTA-FEIRA 14 DO CORRENTE
AO MEIO DIA
31 A RUA DA CANDELARIA 31 A
SILVA GARCIA
competentemente autorizado
FAZ
LEILÃO
HOJE
á hora acima referida, constando de
Uma rica armação de vinhatico envidraçada.
Um bonito balcão com varejo para charutos e cigarros.

SILVA GARCIA
FARÁ
LEILÃO
AMANHÃ
SABBADO 15 DO CORRENTE
DO
ESTABELECIMENTO
DE
BARBEIRO
ÁS 10 1|2 HORAS
4 A Becco das Cancellas 4 A
Constando de :
Rico lavatorio de pedra marmore.
4 boas cadeiras para barbeiro.
4 cancellas envernizadas para portas.
1 grande armario com muitas divisões e gavetas.
Cadeiras austriacas, cabides, toalhas, perfumarias, pedras de marmore para prateleiras, lavatorios, relogio, quadros, etc.
ENFIM
uma variedade de objectos proprios de um estabelecimento desta ordem, e tudo será vendido a quem dér mais por mudança de negocio.
Ás 10 1|2 horas.

OLEO
PARA
MACHINAS A VAPOR
LEILÃO
de uma importante factura
DE
OLEO ESPECIAL
PARA MACHINAS A VAPOR
em caixas de 2 latas cada uma
HOJE
SEXTA-FEIRA 14 DO CORRENTE
ÁS 11 HORAS DA MANHÃ
74 Rua do General Camara 74
ARMAZEM DO ANNUNCIANTE
J. DIAS
vende em leilão, por ordem de uma respeitavel casa importadora, HOJE sexta-feira 14 do corrente, ás 11 horas da manhã, em seu armazem, á rua do General Camara n. 74, uma importante factura de oleo especial para machinas a vapor, o melhor que tem vindo a este mercado, e actualmente usado de preferencia na estrada de ferro D. Pedro II, arsenaes de marinha e guerra, e muitos outros estabelecimentos mechanicos e industriaes, etc., que será vendido em lotes á vontade dos Srs. compradores.
Os Srs. compradores, que ainda não conhecerem a especialidade do referido artigo, poderão mandar buscar amostras no armazem do annunciante, certos de que o fim particular do presente leilão é tornar-lo mais conhecido dos Srs. consumidores.

ANNUNCIOS

Vende-se um bonito chalet, tendo accommodações para grande familia, agua de encanamento, banheiras, latrinas, cocheira, gallinheiro, commodos para criados, jardim e grande pomar, na Eugenho-Novo ; para tratar, na rua dos Ouvires n. 187.

PARAHYBA DO SUL
COLLEGIO DE S. A. O PRINCIPE DO GRÃO-PARÁ
Estabelecido na fazenda da Cachoeira, propriedade do Sr. João Jacintho do Couto, que generosamente a cedeu. Está esta fazenda 5 kilometros N-N-E deste cidade.
Reabrirão-se as aulas deste collegio no dia 10 do corrente, e recebem-se pensionistas, meio-pensionistas e externos.
Este collegio tendo um professor para a aula de instrucção primaria, prefere-se pessoa que seja conhecida do director, ou apresentada por quem o seja no conhecimento.
A proposta deve ser dirigida a Miguel Carlos Maniz, Parahyba do Sul.

PROFESSORA
Uma professora allemã, que ensina musica (piano e canto), allemão, portuguez, francez e principios do inglez, procura uma pensão para empregar-se ; quem desejar mande carta com as iniciaes H. S. T. no escriptorio desta folha.

PROFESSORA
Precisa-se de uma de meia idade, para o ensino de uma menina e dous meninos, habilitada em portuguez, francez, musica e piano, para uma fazenda perto da côrte, de casa familia afiançada para informações, na rua dos Ouvires n. 169, 1º andar.

PARTEIRA
Mme. Daure, de volta de sua viagem á Europa,

José de Souza Barros, estabelecido em Paris, na Monge 121, com casa de informações e commissões, envia preços correntes de fabricantes e negociantes a quem lhe mandar carta registrada com a quantia de 5$ (papel brazileiro).

Á PRAÇA
Caetano Basto Neves, Caetano Basto Neves, declarão a esta praça que julgão dever a pessoa alguma, mas se alguem se julgar credor dos mesmos, queira no prazo de tres dias do data desta, apresentar suas contas á rua de S. Pedro n. 98, que serão logos favo pagas. Rio de Janeiro, 12 de Janeiro de 1881.— Caetano Basto Neves.—Caetano Basto Neves.

Quartos com ou sem mobilia
Alugão-se, 43, rua S. Francisco Xavier, chacara, chuveiro, etc., no Bond de Villa-Izabel e Engenho Novo passão defronte do portão de ferro.

150$000
Gratifica-se com esta quantia a quem levar á freguezia da Fortaleza, de João Machado Botelho Junior, sita na freguezia do Bom Jesus do Monte Verde, municipio de S. Fidelis, o escravo Benedicto, alto, cheio, bem feito de corpo, muito fornido, cór de café, com pouca barba (quasi preto), de 30 annos mais ou menos, um olho menor que o outro e natural do norte. Está fugido desde Dezembro de 1879 e presume-se que esteja trabalhando em alguma estrada de ferro.
Protesta-se contra o que o tiver acoutado.
Ás 10 1|2 horas.

ALFAFA, AVEIA
MILHO E FARELLO
Vende-se, na rua de Theophilo Ottoni n. 42, sobrado.

TURVO DO PIRAHY
1º
Certo orango-tango
Que quer ser podrão,
É um podrão, nada vale
É o dito do Caracundo.
2º
Em occasião de eleições
Sabe o nosso Barriguedo,
Pedindo a uns e outros
Ahi não votem no Caracundo.
3º
Mas o povo, que já conhece
As manhas do Barriguedo,
Despreza as suas bravatas
E vota no Caracundo.
4º
Porque a musica, logo que sahio,
Foi dar ás festas ao Caracundo,
Esbravejo, rugio e berrou,
Que a musica, apenas sabisse.
5º
Queria o bairro das quiuz'ilhas,
Esse Barão da Melqueira.
Que a musica, apenas sahisse.
E fosse a sua casa, por ser a primeira.
6º
Mas como não lhe attenderão
E nem lhe derão importancia,
Furioso, gritou a baiaci:
« Aqui eu sou Sancho-Panza. »
7º
Quero que todos lhe obedeção
E me reconheção como o primeiro :
Não admitto competidores,
O Caracundo é o derradeiro.
8º (Imitação de Bocage.)
Casou-se um baiaco da China.
Com uma velha com tanto baixo,
Nascerão tres filhos gemeos :
Um burro, uma lhama e um macaco.
— Não-Chico

SAHIO A' LUZ
TRISTESSE DE L'AME 
lindissimo nocturno para piano, composto pelo distincto pianista e symphonista-o, do mesmo auctor a « Valsez-vous durites, » e « Vainez-vous segunda maneira,» á venda unicamente no estabelecimento de planos, harmoniums e musica, de
ISIDORO BEVILACQUA
PROFESSOR DE MUS. M. II.
43 RUA DOS OURIVES 43

D....
Espero-te amanhã ao meio-dia ás 2 horas da tarde, na mesma casa, onde deixou sua carta.
Serio respeitado ao extremo, e serei generozamente gratificado.
Continuo na mesma casa por mais alguns dias.
— M.

DESAPPARECEU
No dia 9 do corrente mez de Janeiro o escravo Feliciano, côr preta, altura regular, pouca barba, é magro e tem falha de alguns dentes, falla pouco e ainda assim com muralidão, tem o costume de andar calçado de chinellos e e é official de sapateiro e traja de luto. Desconfia-se estar mesmo nesta côrte escondido, protesta-se, conforme a lei, contra quem o tiver acoutado, gratifica-se a quem o apresentar na rua do Hospicio n. 222.

Sahio a luz e vende-se na livraria do editor B. L. Garnier, rua do Ouvidor n. 71 :
MEMORIAS POSTHUMAS
DE
BRAZ CUBAS
POR
MACHADO DE ASSIS
Um bonito e grosso volume in-8º .... 3$000
DO MESMO AUCTOR :
Helena, romance, 1 vol. in-8º, enc. ...... 3$000
Ressurreição, romance, 1 vol. in-8º, enc.   2$500
Ir. br.   2$000
Historias da meia-noite, 1 vol. in-8º, enc. 2$500
Ir. br.   2$000
Americanas, poesias, 1 vol. in-8º .... 2$500
Phalenas, poesias, 1 vol. in-8º .... 2$500
Chrysalidas, poesias, 1 vol. in-8º .... 2$500

INDUSTRIA NACIONAL
MANTEIGA GUARANY
C. J. M. & B., fazenda de Mato-Grosso, freguezia do Pilar, termo da Estrella, provincia do Rio de Janeiro.
Apparece esta manteiga á venda nesta grande mercado, no estabelecimento commercial do Sr. Francisco Castellões, á rua do Ouvidor n. 114, pura creme natural, tendo por caracteristica principal a sua conservação ; a verdadeira manteiga ingleza não lhe ganha vantagem ; o prompto despacho da alfandega por se consumir muito é mais uma vantagem para os Srs. consumidores.

---

visto remeter dinheiro, da sua authorisada fidelidade, na rua do Carmo 23.

SARDINHAS
vende-se em pequenos barris ; o n. 135, em casa de Assumpção

A Casa de Ayrres, a fazendista barbara, rua do Carmo : agora á sua escolha. Fazendas a custo de fabrica, em toda a sua frequez sem fazenda, que é rua da Quitanda n. F. A A.
Á venda de E. H. Laemmert

66 RUA DO OU..
CAM...
E
LUZIAD...
DE
JOAQUIM ...
1 vol. enc. ....
Alfabeto de Sarmento—Dr. N..
fios, Apontamentos de filosof..
prologo de Manoel Pinheiro C..
ção illustrada por Candido de M..
Historia da Civilisação
historico illustrado, 1 vol. enc.
das italiano ; 1 vol. enc. ....
Hygiene da Alma, pelo Barão de..
Versão portugueza de ..
tigos, 7ª edição, enc. ....
Maravilhas do Genio de Men..
mentos e invenções, precedid..
nograficas dos Genios ; 1 vol..
Memorias de um Guarda, 1 vol..
Terrell, enc. .....
Vida Liberal, edição de luxo...
naes por Julio Lourenço Pint..
Romance de uma Mulher Palli..
rique da Roeck, enc. .....
O Heroe das Estrepas, dedic..
nos creadores e agricultore..
Bagenha, enc. ......

96 RUA DO O..

Á PR..
Vasconcellos e ... esta ...
& municio á esta 4º ...
seus amigos e fre ...
a datar de 31 d ...
ultimo, entrou em ...
liquidação a ca... ...
cessionario da F... ...
& C. ...
Rio de Janeiro, Ja... ...
neiro de 1881.—N... ...
& Vieira.

Pedro de Janeiro ...
Antonio Soares P... ...
no commandita... ...
com solidario, ...
em sociedade ... ...
de Pedro Vieira d... ...
31 de Dezembro ...
tomando a seu ...
responsabilidade ...
passivo da firma ...
ção de Vasconcelos ...
e continuando o ...
rame de negocio ...
alto, modas, etc., ...
no mesmo estabe... ...
cimento á rua ...
n. 23, onde esper... ...
de seus freguezes ...
confiança dispen... ...
antecessora. ...
Rio de Janeiro, Ja... ...
neiro de 1881.—V... ...
Carmo Vieira.—A... ...
res Dias.

PROFES... ...
Precisa-se de um... ...
sora, habilitada ...
portuguez, franc... ...
tica e musica, p... ...
proxima á estra... ...
de Pedro III pra... ...
Municipal n. 17.

!TODOS QUE LE... ...
devem lem...
da afamada e bem co...
AUX DEUX ...
GOTAS JAV... ...
contra a dôr de ...
!!! Allivio Insta... ...
Cura em um ins... ...
cuja receita foi revel... ...
pelo celebre M... ...
MATHEY-C... ...
Doutor da faculdade de P... ...
hospitaes de Paris, Londres e ...

UNICO D...
Para o Imperio do ...

111 RUA DO O...

ATTENÇ...
Fugio, na madrugada de 9 de ...
Izabel, de nação Benguela, de... ...
25 annos, gentinha e reforçada ... ...
S. Clemente n. 148, ...

AVIS...
Roubirão a cadernera da Caixa ...
per. de Santo Antonio ...

OFFICINA DE OURIVES B...
Vende-se uma completa, que ...
fina, muitas ontras ferramentas, ...
Trata-se na travessa de C...
Acaba de publicar-se a ...

Grammatica P...
adaptada no ensino de ...
e lycheos do 3º... ...

ANTONIO ESTEVÃO D...

A J. Nabuco,

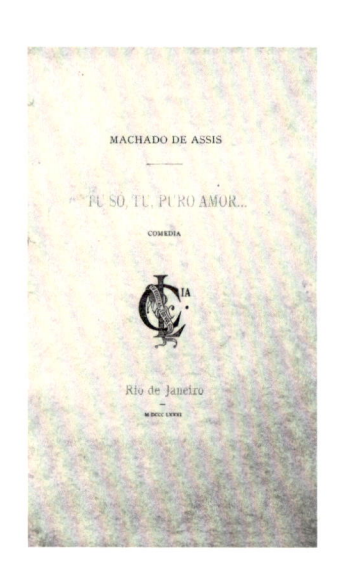

   Homenagem ao seu talento

            M. de A.

30-5-81

Capa da primeira edição de *Tu só, tu, puro amor*, de 1881, e dedicatória de Machado de Assis a Joaquim Nabuco.

Na página à direita, trecho da Rua do Ouvidor, Marc Ferrez, c. 1882.

"Vamos à Rua do Ouvidor; é um passo. Desta rua ao *Diário de Notícias* é ainda menos. Ora, foi no *Diário de Notícias* que eu li uma defesa do alargamento da dita Rua do Ouvidor, – coisa que eu combateria aqui, se tivesse tempo e espaço. Vós que tendes a cargo o aformoseamento da cidade, alargai outras ruas, todas as ruas, mas deixai a do Ouvidor assim mesma – uma viela, como lhe chamava o *Diário* –, um canudo, como lhe chamava Pedro Luís. Há nela, assim estreitinha, um aspecto e uma sensação de intimidade. É a rua própria do boato. Vá lá correr um boato por avenidas amplas e lavadas de ar. O boato precisa do aconchego, da contigüidade, do ouvido à boca para murmurar depressa e baixinho, e saltar de um lado para outro. Na Rua do Ouvidor, um homem, que está à porta do Laemmert, aperta a mão do outro que fica à porta do Crashley, sem perder o equilíbrio. Pode-se comer um sanduíche no Castelões e tomar um cálix de madeira no Deroche, quase sem sair de casa. O característico desta rua é ser uma espécie de loja, única, variada, estreita e comprida."
["A Semana", 13.08.1893]

Em *A estação* Machado de Assis publicou entre 1886 e 1891 o romance *Quincas Borba*.

Na página à direita, colaboração de Machado de Assis para *A estação* de agosto de 1881.

LYCEU DE ARTES E OFFICIOS

AULAS PARA O SEXO FEMININO

Cherchez la Femme

Quem inventou esta phrase, como uma advertencia propria a devassar a origem de todos os crimes, era talvez um ruim magistrado, mas, com certeza, excellente philosopho. Como arma policial, a phrase não tem valor, ou pouco e restricto; mas aprofundai-a, e vereis tudo que ella abrange; vereis a vida inteira do homem.

Antes da sociedade, antes da familia, antes das artes e do conforto, antes das bellas rendas e sedas que constituem o sonho da leitora assidua d'este jornal, antes das valsas de Strauss, dos *Huguenotes*, de Petropolis, dos landaus e das luvas de pellica; antes, muito antes do primeiro esboço da civilisação, toda a civilisação estava em germen na mulher. N'esse tempo ainda não havia pai, mas já havia mãi. O pai era o varão adventicio, erradio e féro que se ia, sem curar da prole que deixava. A mãi ficava; guardava comsigo o fructo do seu amor casual e momentaneo, filho de suas dores e cuidados; mantinha-lhe a vida. Não desvie a leitora os seus bellos olhos desse infante barbaro, rude e primitivo; é talvez o millionesimo avô d'aquelle que lhe fabricou agora o seu veu de Malines ou Bruxellas; ou — provavel conjectura! — é talvez o millionesimo avô de Meyerbeer,—a não ser que o seja do Sr. Gladstone ou da propria leitora.

Se quereis procurar a mulher, é preciso ir até lá, até esse tempo, *d'ogni luce mutto*, antes dos primeiros albores. Depois, regressai. Vinde, rio abaixo dos seculos, e onde quer que pareis, a mulher vos apparecerá, com o seu grande influxo, algumas vezes malefico, mas sempre irrecusavel; achal-a-eis na origem do homem e no fim d'elle; e se devemos aceitar a original theoria de um philosopho, ella é quem transmitte a porção intellectual do homem.

Assim, amavel leitora, quando alguem vier dizer-vos que a educação da mulher é uma grande necessidade social, não acrediteis que é a voz da adulação, mas da verdade. O assumpto é de certo prestadio á declamação; mas a ideia é justa. Não vos queremos para reformadoras sociaes, evangelisadoras de theorias abstruzas, que mal entendeis, que em todo caso desdizem do vosso papel; mas entre isso e a ignorancia e a frivolidade, ha um abysmo: enchamos esse abysmo.

A companheira do homem precisa entender o homem. A graça da sociedade deve contribuir para ella mais do que com o influxo de suas qualidades tradicionaes. Emfim, é preciso que a mulher se descaptive d'uma dependencia, que lhe é mortal, que não lhe deixa muita vez outra alternativa entre a miseria e a devassidão.

Vindo á nossa sociedade brasileira, urge dar á mulher certa orientação que lhe falta. Duas são as nossas classes feminis,—uma crosta elegante, fina, superficial, dada ao gosto das sociedades artificiaes e cultas; depois a grande massa ignorante, inerte e virtuosa, mas sem impulsos, e em caso de desamparo, sem iniciativa nem experiencia. Esta tem jus a que lhe deem os meios necessarios para a luta da vida social; e tal é a obra que ora emprehende uma instituição antiga nesta cidade, que não nomeio porque está na bocca de todos, e aliás vae indicada n'outra parte desta publicação.

A occasião é excellente para uns apanhados de estylo, uma exposição grave e longa do papel da mulher no futuro, uma dissertação acerca do valor da mulher, como filha, esposa, mãe, irmã, enfermeira e mestra, tudo lardeado dos nomes de Ruth e Cornelia, Recamier e a marqueza de Alorna. Não faltaria dizer que a mulher é a estrella que leva o homem pela vida adiante, e que principalmente as leitoras da *Estação* merecem o culto de todos os espiritos elegantes. Mas estas cousas subentendem-se, e não se dizem por ociosas. Baste-nos isto : educar a mulher é educar o proprio homem, a mãe completará o filho.

MACHADO DE ASSIS.

São em tanta maneira manifestas, elevadissimas e sobre-excellentes as vantagens resultantes da instrucção da mulher, a mais bella porção do genero humano, a tenra flôr graciosa que, como o céu contêm a luz, o calor e a harmonia, encerra dentro em si os germens de tres existencias tão diversas na origem do amor e tão altamente sublimes na manifestação e nos fins, — FILHA, ESPOSA E MÃE, — que já hoje nenhum espirito philantropo se recusará a fixal-a e cimental-a, nenhum espirito verdadeiramente digno deste grandioso seculo que vio desapparecerem as terras e os mares diante da locomotiva e do barco a vapor, e o pensamento do homem reproduzido, n'um minuto sublime, por toda a vastissima extensão do universo; nenhum espirito verdadeiramente digno deste seculo deixará de applaudil-a, acoroçoal-a, disseminal-a, como a natureza dissemina a Vida.

Pois que o seculo caminha para a Verdade, ergamos nós a Mulher para que ella possa vêr do que ponto do horisonte irrompe essa luz divina, cujo reflexo ha de alluminar á Familia, accrescentar a Patria e engrandecer a Humanidade. Sejamos da nossa edade e honremos a especie humana: melhoremos, eduquemos, façamos inda maior e mais bello o FEMININO ETERNO; e que a instrucção irradie n'uma esplendida e eterna aurora boreal nesse pólo mysterioso da vida humana.

Está na sciencia de toda a gente a grandeza e benemerencia da obra encetada ha annos pelo illustre commendador Francisco Joaquim Bithencourt da Silva com a fundação do Lyceu de Artes e Officios, que presentemente é um dos mais notaveis estabelecimentos de instrucção de toda a America, não só pelos innumeraveis beneficios que delle colhem as classes populares, como tambem porque representa a ferrea perseverança admiravel, o pujante labor, obscuro e desprezado, de um punhado de homens de boa vontade e magnanimos corações, que em paga de sua perenne dedicação não querem mais que os jubilos da propria consciencia.

Mas não está acabado o monumento; falta o fecho da abobada— as aulas para o sexo feminino, que serão inauguradas proximamente.

Corre ás senhoras brasileiras o dever natural de completar a obra e auxiliar em seus designios, cada uma na proporção das suas posses, os representantes da Sociedade Propagadora das Bellas-Artes.

A *Estação*, o unico jornal exclusivamente dedicado ás senhoras que se publica no paiz, considera-se pois na gostosa obrigação de appellar para a generosidade das suas assignantes e leitoras em todo o Imperio, pedindo-lhes, em nome do seu proprio sexo, em nome da elevação moral da familia, um donativo, — as migalhas da vossa fortuna, abastadas; uma parte do vosso mealheiro, remediadas; e vós, pobres, não vos escuseis com a vossa pobreza; imitae o exemplo da mulher da parabola, que tambem era pobre e não deixou de dar.

Quinzenalmente, publicaremos em nossas columnas, n'um quadro de honra, os nomes das Exmas. Senhoras que corresponderem ao nosso appello e as quantias que se dignarem enviar-nos, para que deste modo se conheça a grandeza do coração feminino e a vasta abnegação das brasileiras.

Recebemos toda e qualquer quantia, em dinheiro, em vales postaes ou carta registrada, e nos dias 1 e 15 de cada mez entregaremos ao Sr Director do Lyceu de Artes e Officios a importancia que houvermos recebido durante a quinzena.

A empreza da *Estação* concorre com a quantia de Réis 20$000.

"Talvez sejam tão exigentes como os moradores da Rua das Laranjeiras, que estão a bradar que a mandem calçar, como se não bastasse morar em rua de nome tão poético.
É certo que, em dias de chuva, a rua fica pouco menos lamacenta que qualquer sítio do Paraguai. Também é verdade que duas pessoas, necessitadas de comunicar uma coisa à outra, com urgência, podem vir desde o Cosme Velho até o Largo do Machado, cada uma de sua banda, sem achar lugar em que atravessem a rua. Finalmente, não se contesta que sair do *bond*, em qualquer outra parte da dita rua, é empresa só comparável à passagem do mar Vermelho, que ali é escuro.
Tudo isso é verdade. Mas em compensação, que bonito nome! Laranjeiras! Faz lembrar Nápoles: tem uns ares de idílio; a sombra de Teócrito deve por força vagar naquelas imediações.
Não se pode ter tudo – nome bonito e calçamento; dous proveitos não cabem num saco. Contentem-se os moradores com o que têm, e não peçam mais, que é ambição."
["História de 15 dias", 15.09.1876]

Rua das Laranjeiras na década de 1880, Marc Ferrez.

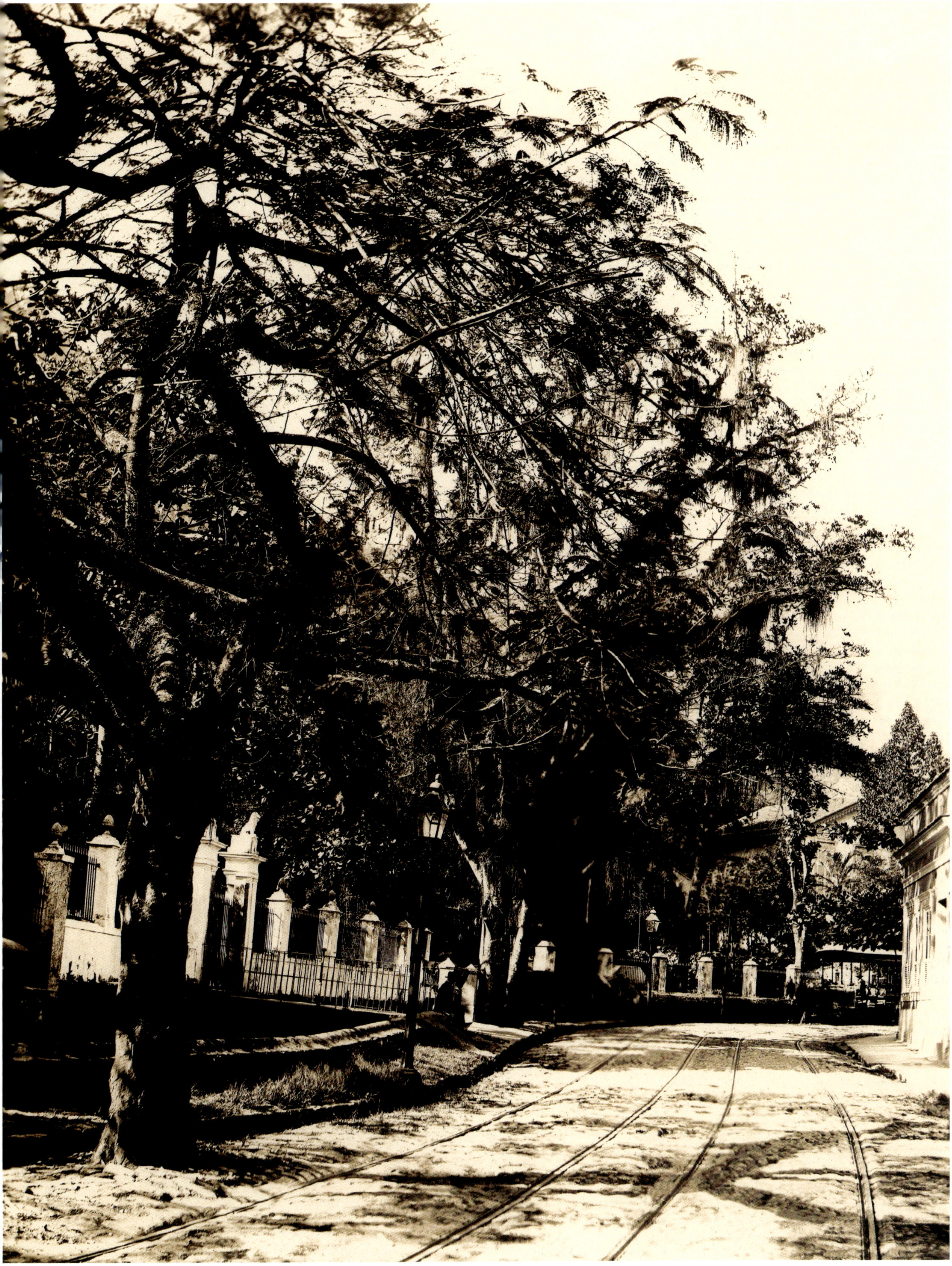

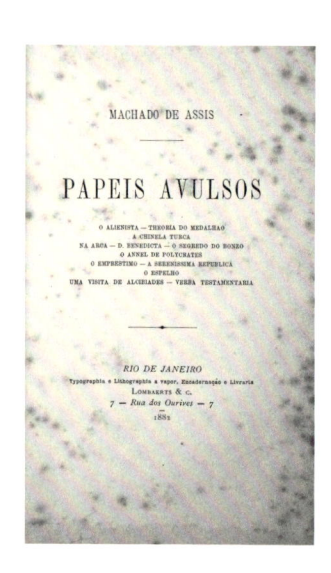

Capa da primeira edição de *Papéis avulsos*, 1882, e casa da Rua Cosme Velho, 18, onde Machado de Assis viveu entre 1884 e 1908, ano de sua morte.

Na página à direita, ilustração de Lopes Roys, 1886.

A SEMANA
PUBLICA-SE AOS SABBADOS

| ANNO II. | RIO DE JANEIRO, 9 DE OUTUBRO DE 1886
DIRECTOR E PROPRIETARIO—VALENTIM MAGALHÃES | VOL. II–N. 93. |

REDACÇÃO E GERENCIA – RUA DO CARMO N. 36

MACHADO DE ASSIS

O MEQUETREFE

ASSIGNATURAS	PROPRIEDADE DE — **E. J. CORRÊA**	ASSIGNATURAS
CORTE	Redacção Rua da Quitanda n. 56	PROVINCIAS
Anno.... 16$000		Anno.... 20$0
Semestre.. 9$000		Semestre.. 13$0
Trimestre. 5$000		Avulso.. $5

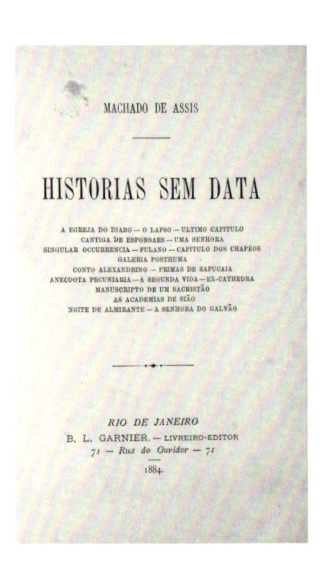

Capa da primeira edição de *Histórias sem data*, 1886, e carta de Machado de Assis a Franklin Doria, o Barão de Loreto, político, magistrado e poeta baiano que figuraria entre os membros fundadores da Academia Brasileira de Letras.

Na página à esquerda, *O Mequetrefe* de outubro de 1886 marca a passagem dos 22 anos da publicação de *Crisálidas*, o primeiro volume de poemas de Machado de Assis.

1890
1899

1890   Assina aviso da Sociedade dos Homens de Letras para ser posto em execução artigo que regula os direitos autorais.

1891   Firma contrato com B. L. Garnier para a primeira edição do romance *Quincas Borba*. No final do ano, discursa no lançamento da pedra fundamental da estátua de José de Alencar.

1892   Passa a diretor-geral da Viação, em virtude da reforma que transformou em Secretaria da Indústria, Viação e Obras Públicas a antiga Secretaria da Agricultura.

1894   Firma contrato com Laemmert & Cia. para a edição de *Várias histórias*.

1895   Início da colaboração de Machado de Assis na *Revista Brasileira*, de José Veríssimo.

1896   Publica o volume de contos *Várias histórias*. Firma contrato para as segundas edições em livro de *Memórias póstumas de Brás Cubas* e *Quincas Borba*. Em 15 de dezembro, participa da fundação da Academia Brasileira de Letras.

1897   É eleito presidente da Academia Brasileira de Letras. Firma contrato com H. Garnier para a segunda edição de *Iaiá Garcia*. Sílvio Romero publica *Machado de Assis: estudo comparativo de literatura brasileira*.

1898   Lafayette Rodrigues Pereira, sob o pseudônimo de Labieno, inicia publicação da série de artigos em que defende Machado das críticas de Sílvio Romero. Em julho, Machado de Assis faz o primeiro testamento, nomeando Carolina sua única e universal herdeira.

1899   Publicação de *Dom Casmurro* e de *Páginas recolhidas*. Vende a propriedade inteira e perfeita das seguintes obras a François Hippolyte Garnier: *Páginas recolhidas*, *Dom Casmurro*, *Memórias póstumas de Brás Cubas*, *Quincas Borba*, *Iaiá Garcia*, *Helena*, *Ressurreição*, *A mão e a luva*, *Papéis avulsos*, *Histórias sem data*, *Histórias da meia-noite*, *Contos fluminenses*, *Americanas*, *Falenas* e *Crisálidas*.
Em junho, pede autorização para que algumas de suas obras sejam traduzidas para o alemão, mas H. Garnier condiciona a permissão ao pagamento de 100 francos por volume traduzido e as traduções não são realizadas.

Uma das mais conhecidas fotografias de
Machado de Assis, Marc Ferrez, 1890.

Rua Direita, atual Primeiro de Março, fotografia tomada em direção ao Morro de São Bento, Marc Ferrez, c. 1890.

Na página à direita, flagrante do *footing* nas ruas do centro do Rio de Janeiro, Marc Ferrez, c. 1890.

"Em verdade, a posse das calçadas é antiga.
Há vinte ou trinta anos, não havia a mesma gente
nem o mesmo negócio. Na velha Rua Direita,
centro do comércio, dominavam as quitandas de
um lado e de outro, africanas e crioulas.
Destas, as baianas eram conhecidas pela trunfa, –
um lenço interminavelmente enrolado na
cabeça, fazendo lembrar o famoso retrato de
Mme. de Staël. Mais de um lorde Oswald
do lugar achou ali a sua Corina. Ao lado da igreja
da Cruz vendiam-se folhetos de vária espécie,
pendurados em barbantes. Os pretos-minas teciam
e cosiam chapéus de palha. Havia ainda… Que
é que não havia na Rua Direita?"
["A Semana", 08.01.1893]

Largo São Francisco de Paula,
Marc Ferrez, c. 1895.

"Como entender, depois da passagem de Humaitá, que as procissões do enterro, uma de São Francisco de Paula, outra do Carmo, eram tão compridas que não acabavam mais? Como pintar-lhe os andores, as filas de tochas inumeráveis, as Marias Beús, segundo a forma popular, o centurião, e tantas outras partes da cerimônia, não contando as janelas das casas iluminadas, acolchoadas e atopetadas de moças bonitas — moças e velhas — porque já naquele tempo havia algumas pessoas velhas, mas poucas. Tudo era da idade e da cor das palmas verdes. A velhice é uma idéia recente. Data do berço de um menino que eu vi nascer com o ministério Sinimbu. Antes deste — ou mais exatamente, antes do ministério Rio Branco — tudo era juvenil no mundo, não juvenil de passagem, mas perpetuamente juvenil. As exceções, que eram raras, vinham confirmar a regra."

["A Semana", 25.03.1894]

"[...] lembrei-me das muitas vezes que tenho visto donos de cães, metidos em *bonds*, serem seguidos por eles na rua, desde o Largo da Carioca até o fim de Botafogo ou das Laranjeiras, e disse comigo: 'Não haverá homem que, sabendo andar, acuda aos pobres-diabos que vão botando a alma pela boca fora?' Mas ocorreu-me que eles são tão amigos dos senhores, que morderiam a mão dos que quisessem suspender-lhes a carreira, acrescendo que os donos dos cães poderiam ver com maus olhos esse ato de generosidade."
["A Semana", 29.12.1895]

Machado de Assis, *carte de visite*
dedicada a Ferreira de Araújo, 1891.

Na página à esquerda, Largo da
Carioca, Marc Ferrez, c. 1890.

Entre os abaixo assignados Joa-
quim Maria Machado de Assis, autor, e [...]
nier, livreiro, ambos residentes [na]
Capital Federal, foi convencio[nado o]
seguinte:

Joaquim Maria Machado [vende]
vende a B. L. Garnier a 1ª edição,
do de (1000) mil exemplares, já im[pressa]
sua novella intitulada "Quin-
-cas [Borba]", pela quantia de seiscentos [...]
obrigando-se o mesmo a não [fazer]
nova edição sem estar esgotada [a pri-]
meira.

Em fé do que passaram dois con[tratos]
de igual theor, por ambos assigna[dos.]
Capital Federal, 1 [de Setem]bro de [...]

Jm. M. Machado de Assis
                    Garnier

Capa da primeira edição de *Quincas Borba*
e contrato de edição da obra, firmado com o
editor B. L. Garnier, 1891.

"Rubião fitava a enseada, – eram oito horas da manhã. Quem o visse, com os polegares metidos no cordão do chambre, à janela de uma grande casa de Botafogo, cuidaria que ele admirava aquele pedaço de água quieta; mas, em verdade, vos digo que pensava em outra cousa. Cotejava o passado com o presente. Que era, há um ano? Professor. Que é agora? Capitalista. Olha para si, para as chinelas (umas chinelas de Túnis, que lhe deu recente amigo, Cristiano Palha), para a casa, para o jardim, para a enseada, para os morros e para o céu; e tudo, desde as chinelas até o céu, tudo entra na mesma sensação de propriedade."
[*Quincas Borba*, 1891, cap. i]

Vista de Botafogo,
Georges Leuzinger, c. 1866.

Machado de Assis em
fototipia publicada em *O Álbum*, 1893.

Na página à direita, no alto,
Real Gabinete Português de Leitura,
freqüentado por Machado de Assis,
seu sócio honorário desde o início da
década de 1880, Marc Ferrez, c. 1895.
Embaixo, edifício da Secretaria
da Indústria, Viação e Obras Públicas.

"A moça que vem hoje à Rua do Ouvidor, sempre que lhe parece, à hora que quer, com a mamãe, com a prima, com a amiga, porque tem o bonde à porta e à mão, não sabe o que era morar fora da cidade ou longe do centro. Tínhamos diligências e ônibus; mas eram poucos, com poucos lugares, creio que oito ou dez, e poucas viagens. Um dos lugares era eliminado para o público. Ia nele o *recebedor*, um homem encarregado de receber o preço das passagens e abrir a portinhola para dar entrada ou saída aos passageiros. Um cordel, vindo pelo tejadilho, punha em comunicação o cocheiro e o recebedor; este puxava, aquele parava ou andava. Mais tarde, o cocheiro acumulou os dois ofícios. Os veículos eram fechados, como os primeiros bondes, antes que toda a gente preferisse os dos fumantes, e inteiramente os desterrasse."

["A Semana", 06.08.1893]

"Não tendo podido ver as outras, vi todavia que estiveram magníficas; a grande parada militar, os cumprimentos ao Sr. Presidente da República, a abertura da exposição, os espetáculos de gala, as evoluções da esquadra, foram cerimônias bem escolhidas e bem dispostas para celebrar o sexto aniversário do advento republicano. Ainda bem que se organizam estas comemorações e se convida o povo a divertir-se. Cada instituição precisa honrar-se a si mesma e fazer-se querida, e para esta segunda parte não basta exercer pontualmente a justiça e a eqüidade. O povo ama as cousas que o alegram."
["A Semana", 17.11.1895]

Oficiais legalistas e marinheiros em barricada durante a Revolta da Armada, Juan Gutierrez, 1894.

Na página à direita, no alto, Prudente de Morais, recém-empossado na presidência da República, chega ao Palácio Itamarati na rua Larga de São Joaquim, atual avenida Marechal Floriano, Marc Ferrez, 15 de novembro de 1894. Embaixo, inauguração da estátua do General Osório no Largo do Paço, Marc Ferrez, 1894.

"Oh! a sensação do tempo! A vista dos soldados que entravam e saíam, de semana em semana, de mês em mês, a ânsia das notícias, a leitura dos feitos heróicos, trazidos de repente por um paquete ou um transporte de guerra... Não tínhamos ainda este cabo telegráfico, instrumento destinado a amesquinhar tudo, a dividir as novidades em talhadas finas, poucas e breves. Naquele tempo as batalhas vinham por inteiro, com as bandeiras tomadas, os mortos e feridos, número de prisioneiros, nomes dos heróis do dia, as próprias partes oficiais. Uma vida intensa de cinco anos. Já lá vai um quarto de século. Os que ainda mamavam quando Osório ganhava a grande batalha, podem aplaudi-lo amanhã revivido no bronze, mas não terão o sentimento exato daqueles dias..."
["A Semana", 11.11.1894]

"Hoje, senhores, assistimos ao início de outro monumento, este agora de vida, destinado a dar à cidade, à pátria e ao mundo a imagem daquele que um dia acompanhamos ao cemitério. Volveram anos; volveram cousas; mas a consciência humana diz-nos que, no meio das obras e dos tempos fugidios, subsiste a flor da poesia, ao passo que a consciência nacional nos mostra na pessoa do grande escritor o robusto e vivaz representante da literatura brasileira. [...] O espírito de Alencar percorreu as diversas partes de nossa terra, o norte e o sul, a cidade e o sertão, a mata e o pampa, fixando-as em suas páginas, compondo assim com as diferenças da vida, das zonas e dos tempos a unidade nacional da sua obra.
[Trechos do discurso proferido na cerimônia do lançamento da primeira pedra da estátua de José de Alencar, em 12 de dezembro de 1891]

Inauguração da estátua de José de Alencar, de autoria de Rodolfo Bernardelli, no Largo do Catete, atual Praça José de Alencar. Marc Ferrez, 1º de maio de 1897, dia do aniversário do escritor.

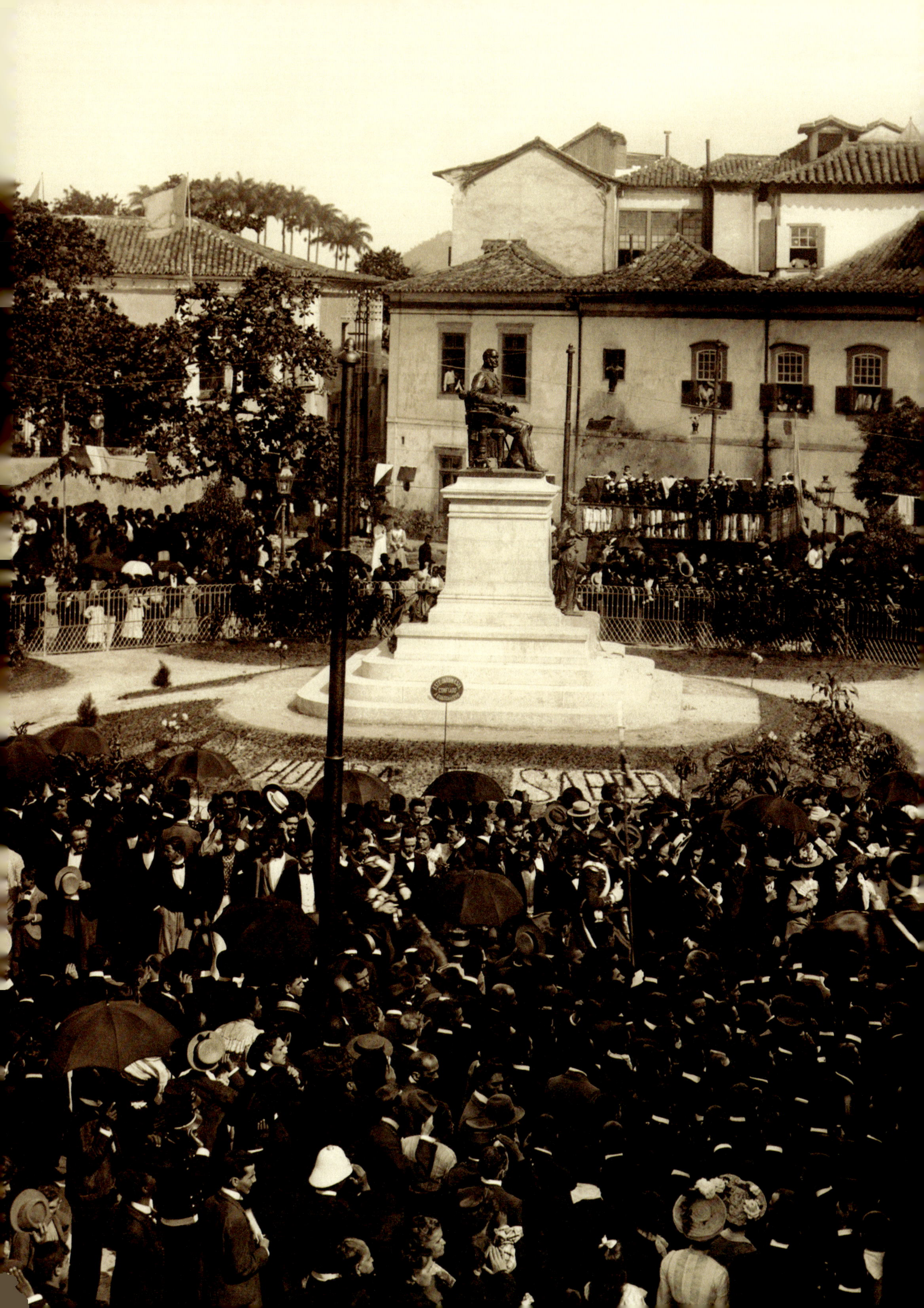

De um feio autor:

Machado de Assis

3-2-96.

Mestre! feio porque? — Só porque é feio
    Ser modesto de mais...
— Formoso coração de rimas cheio,
    Cheio de sonhos celestiaes!
— Quando te vejo a lyra ao collo,
    ~~Fica sabendo que eu~~
    Te acho mais bello do que Apollo
    Mais bello do que Orpheu!

Rio, 10.2.96   Olavo Bilac

Um curioso diálogo no álbum da Sra. Luiz de Castro: autógrafo de Machado de Assis seguido de comentário de Olavo Bilac, 1896.

. . . .
De que nos vale a esperança?
Buscamol-a tanto e apenas
É um'ave que deixa as pennas
Na mão que um minuto a alcança.
. . . .

    Guimaraens Passos

Rio - abril - 96.

"Domingo passado, enquanto esperava a chamada dos eleitores, saí à Praça do Duque de Caxias (vulgarmente Largo do Machado) e comecei a passear defronte da igreja matriz da Glória. Quem não conhece esse templo grego, imitado da Madalena, com uma torre no meio, imitada de coisa nenhuma? A impressão que se tem diante daquele singular conúbio, não é cristã nem pagã; faz lembrar, como na comédia, 'o casamento do grão-turco com a República de Veneza'. Quando ali passo, desvio sempre os olhos e o pensamento. Tenho medo de pecar duas vezes, contra a torre e contra o templo, mandando-os ambos ao diabo, com escândalo da minha consciência e dos ouvidos das outras pessoas."

["A Semana", 06.11.1892]

Machado de Assis, fotografia de autor não
identificado, c. 1896.

Na página da esquerda, Igreja Matriz de
Nossa Senhora da Glória, Largo do Machado,
em foto do Conde Agrolongo, c. 1895.

Entre os abaixo assignados Joaquim Maria Machado de Assis autor e H. Garnier livreiro editor, o primeiro residente nesta Capital Federal e o segundo residente em Paris, representado nesta Capital Federal por seu legitimo procurador Stephane Marie Etienne Lassalle foi convencionado o seguinte:

Joaquim Maria Machado de Assis vende a H. Garnier a <u>terceira edição</u> de sua obra intitulada "<u>Memorias Posthumas de Braz Cubas</u>" que constará de <u>mil e cem</u> exemplares, pela quantia de <u>duzentos e cincoenta mil réis</u> que lhe será paga nesta data; obrigando-se a não reimprimir esta terceira edição sem que esteja a mesma esgotada.

O editor H. Garnier, por sua vez, obriga-se a expôr á venda a supra citada obra, no prazo maximo de um anno, a contar da data da assignatura deste contracto.

Em fé do que passam dous contractos de igual theor por ambos assignados.

Rio de Janeiro 17 de Junho de 1896

O autor J. M. Machado de Assis.

p.p. do editor H. Garnier
Stephane Marie Etienne Lassalle

MACHADO D'ASSIS.

GRANDE FABRICA DE
CIGARROS DE
HENRIQUE BASTOS & C.ª
116 RUA DA QUITANDA 116
RIO DE JANEIRO.

Cartão-brinde distribuído por uma fábrica de cigarros nos últimos anos do século XIX.

Na página da esquerda, contrato firmado com H. Garnier para a a terceira edição de *Memórias póstumas de Brás Cubas*, 1896.

"Sexta-feira, passando pela Praça Quinze de Novembro, achei o animal já morto. Dous meninos, parados, contemplavam o cadáver, espetáculo repugnante; mas a infância, como a ciência, é curiosa sem asco. De tarde já não havia cadáver nem nada. Assim passam os trabalhos desse mundo. Sem exagerar o mérito do finado, força é dizer que, se ele não inventou a pólvora, também não inventou a dinamite. Já é alguma cousa neste final de século. *Requiescat in pace.*

["A Semana", 08.04.1894]

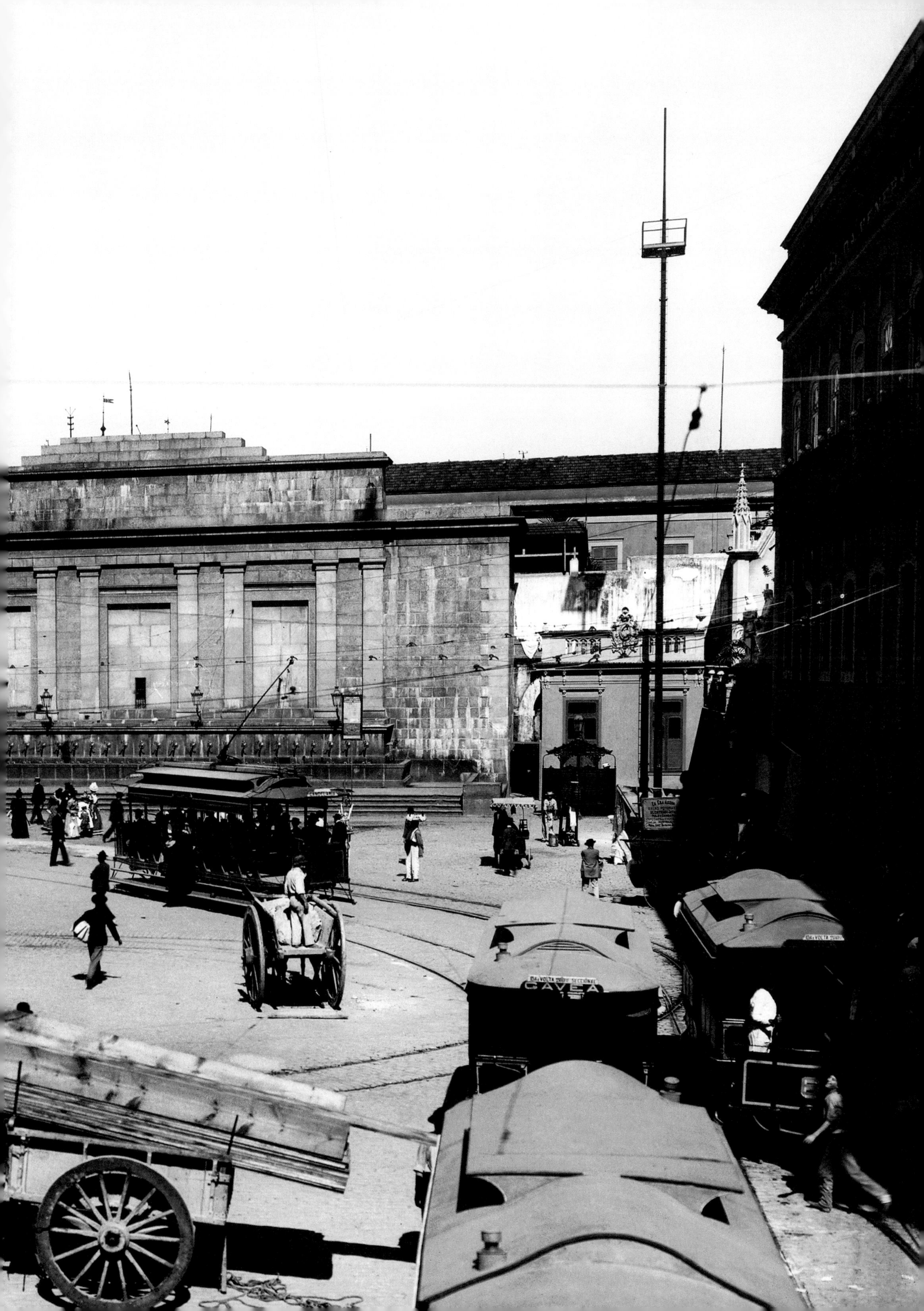
GAVEA

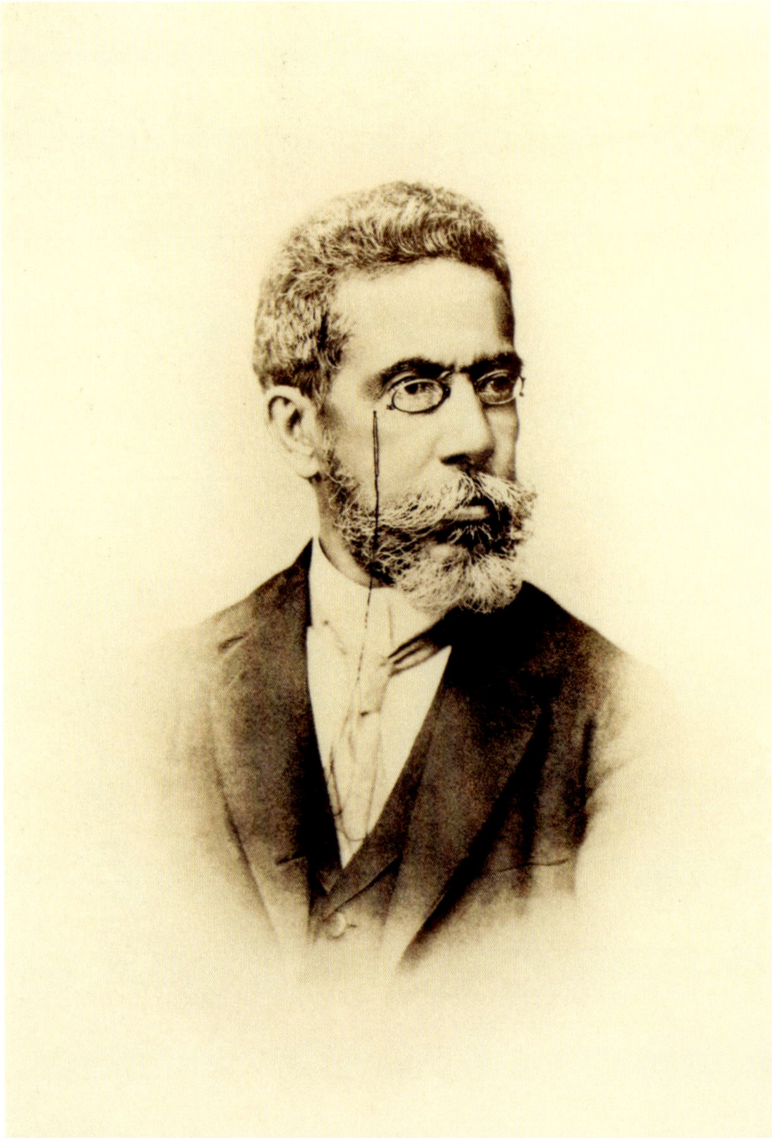

O Pedagogium, sede da Academia Brasileira de
Letras entre 1897, ano de sua fundação, e 1904.

Na página da esquerda, Machado de Assis, fotografia
de autoria não identificada, c. 1896.

Nas páginas anteriores, Largo da Carioca, vendo-se
ao fundo o chafariz, Marc Ferrez, sem data.

MACHADO DE ASSIS

Varias historias

Mon ami, faisons toujours des contes... Le temps se passe, et le conte de la vie s'achève, sans qu'on s'en apperçoive.
Diderot.

LAEMMERT & C., Editores
Rio de Janeiro — S. Paulo
1896

MACHADO DE ASSIS
DA ACADEMIA BRASILEIRA

PAGINAS RECOLHIDAS

« Quelque diversité d'herbes qu'il y ayt, tout s'enveloppe soubs le nom de salade ».
Montaigne, Essais, liv. I, chap. xxvi.

H. GARNIER, LIVREIRO-EDITOR

71, RUE MOREIRA CESAR, 71 | 6, RUE DES SAINTS-PÈRES, 6
RIO DE JANEIRO | PARIS

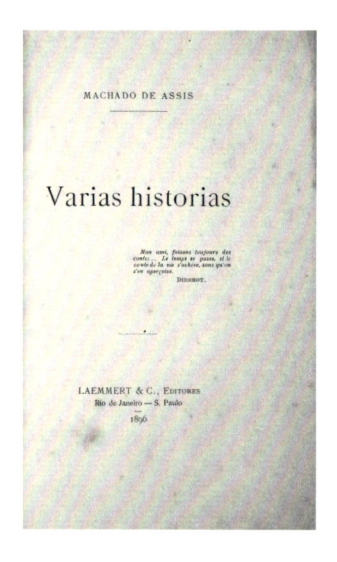

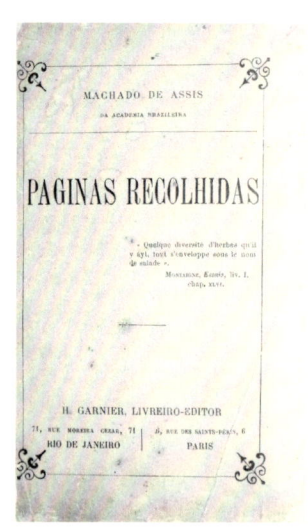

Machado de Assis

SYLVIO ROMÉRO

Machado de Assis

Estudo Comparativo de Litteratura Brasileira

LAEMMERT & C. — EDITORES
RIO DE JANEIRO
Casas filiaes em S. Paulo e Pernambuco

1897

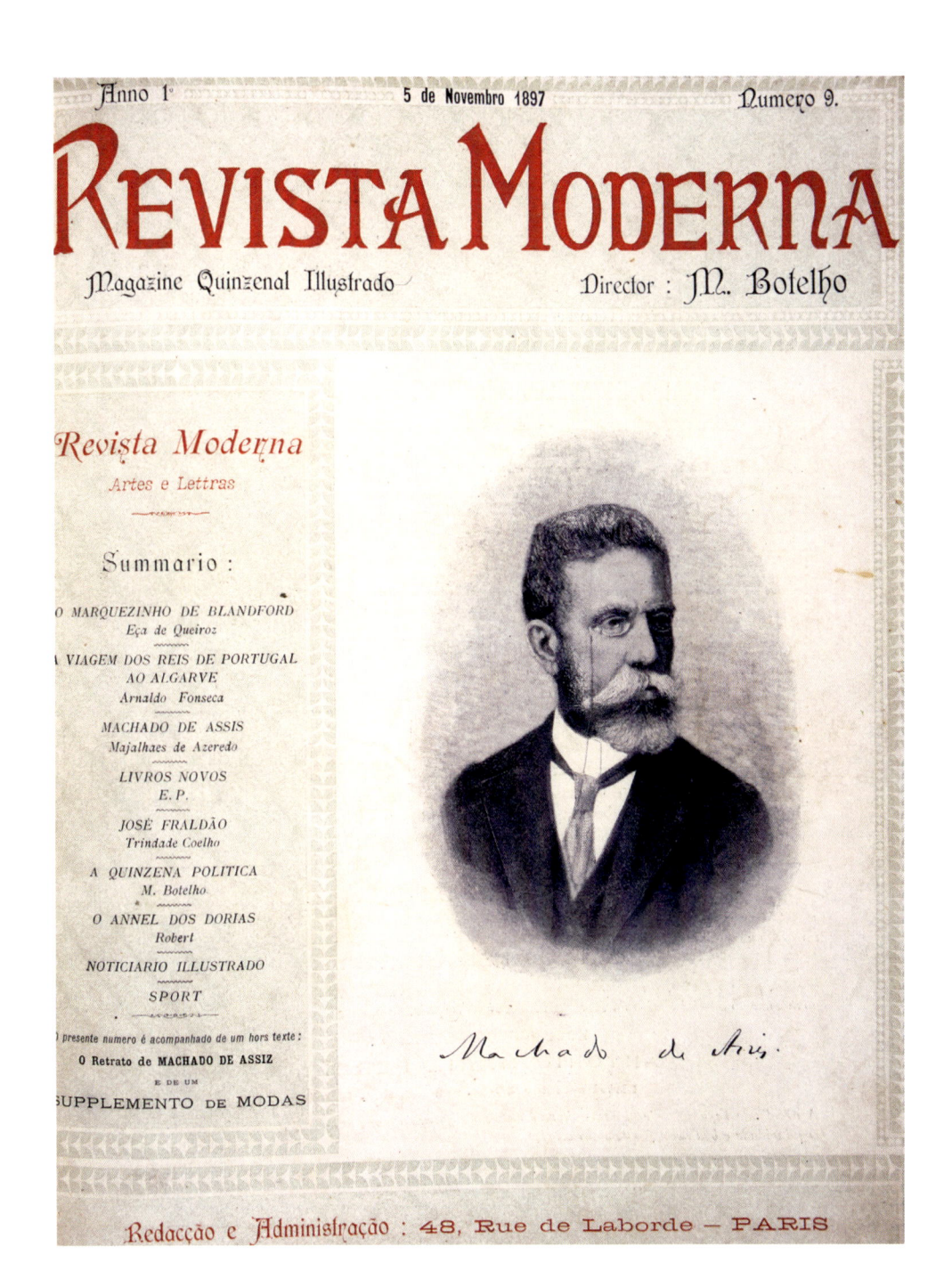

O número 9 da *Revista Moderna*, editada em Paris no ano de 1897, trazia um artigo sobre Machado de Assis e estampava um retrato do escritor.

Na página da esquerda, no alto: capas das primeiras edições de *Várias histórias* (1896) e *Páginas recolhidas* (1899). Em baixo, ilustração de autoria não identificada e folha de rosto do livro de Silvio Romero, de 1897, um estudo pioneiro sobre a obra de Machado de Assis.

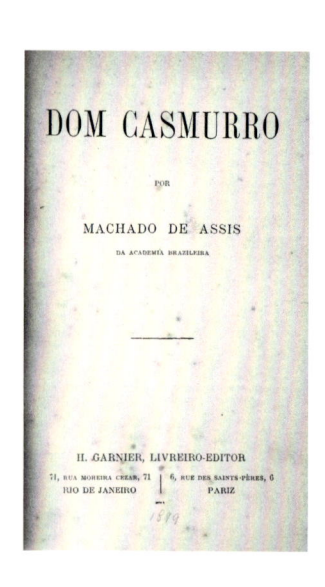

No alto, capa da primeira edição de *Dom Casmurro*, de 1899. Embaixo, fachada da Livraria Garnier na Rua do Ouvidor.

Na página da direita, carta do editor Garnier tratando da publicação de *Dom Casmurro*, *Memórias póstumas de Brás Cubas* e *Quincas Borba*, 1899.

LIVRARIA de H. GARNIER
71, Rua Moreira, Cezar, 71

J. LANSAC, Gerente

Paris Rio-de-Janeiro, de 23 9bre de 1899

Monsieur Machado de Assis
Rio de Janeiro

J'ai l'honneur de vous accuser réception de votre lettre du 30 8bre écoulé.

J'accepte en principe la proposition que vous me faites de réunir en un volume ce que vous appelez trop modestement votre bagage poétique. J'écris à ce sujet à Mr Lansac avec lequel vous voudrez bien vous entendre.

L'imprimeur exécute en ce moment les corrections à Victor Hugoniennes —

Dom Casmurro est sous presse et vous arrivera à Rio du 15 au 31 Janvier prochain.

Quand Braz Cubas et Quincas Borba seront sur le point d'être épuisés Mr Lansac aura l'obligeance de vous en prévenir et je vous promets que tout le nécessaire sera fait.

Je suis toujours heureux Monsieur, de vous renouveler l'expression de mes sentiments de considération.

H. Garnier

1900
1904

1900 Firma contrato com H. Garnier para compra e venda dos direitos autorais de *Poesias completas*.

1901 Publica *Poesias completas*.

1902 Publicação em Montevidéu de *Memorias póstumas de Blas Cubas*, versão espanhola de Júlio Piquet. Firma contrato com H. Garnier para nova edição de *Várias histórias*. É nomeado diretor-geral de Contabilidade do Ministério da Indústria, Viação e Obras Públicas.

1903 Firma contrato com H. Garnier para publicação de um romance ali denominado *Último*. Por um aditivo, datado de 15 de abril de 1904, o romance passou a chamar-se *Esaú e Jacó*.

1904 Publicação do romance *Esaú e Jacó*. É nomeado para a Comissão Fiscal e Administrativa das Obras do Cais do Porto, função que acumulou com a de diretor de Contabilidade. Em janeiro, segue para Nova Friburgo com a mulher doente. Em 20 de outubro, falece Carolina, que é sepultada no cemitério de São João Batista.

Machado de Assis,
carte de visite, c. 1900.

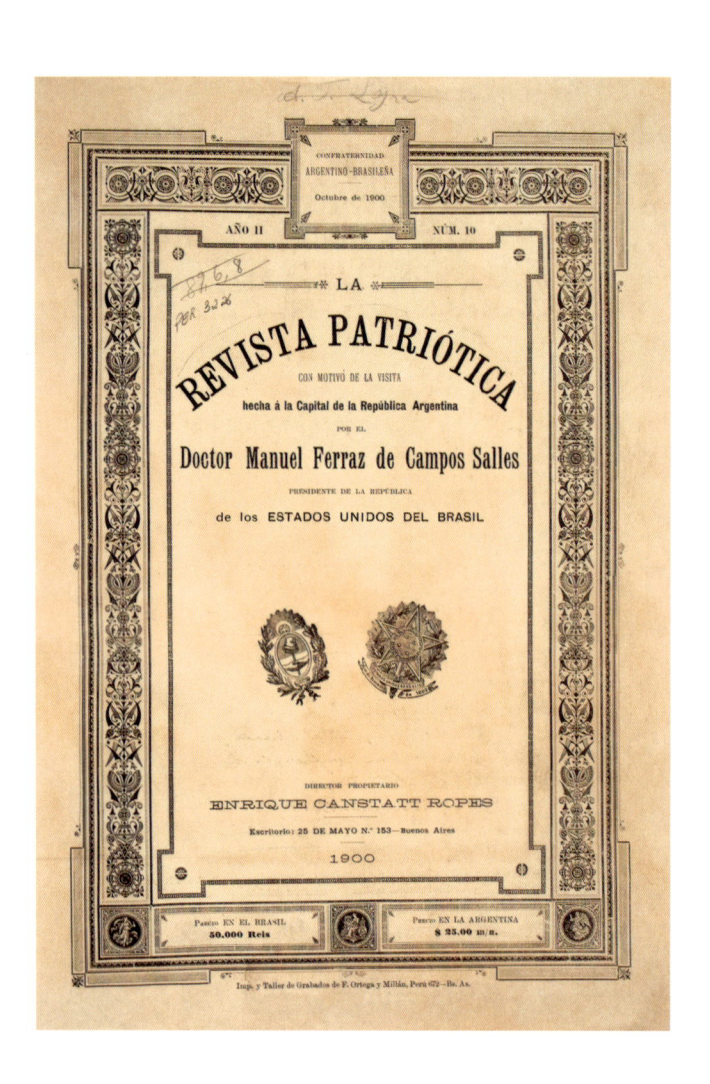

A edição especial da *Revista Patriótica*, no alto, lançada por ocasião da visita de Campos Salles à Argentina, publicou, entre as matérias dedicadas ao Brasil, um painel dos poetas brasileiros na virada para o século XX, visto na página da direita.

"OS POETAS VIVOS DO BRAZIL"

Lucio de Mendonça
Vergastas. Canções do Outono

Olavo Bilac
Poesias

Valentim Magalhaes
Rimario

Alvares de Azevedo Sobrinho
Vigilia das armas

Machado de Assis
Phalenas. Americanas. Varias poesias

Magalhaes de Azeredo
Balladas e Fantasias

Mario de Alencar
Lagrimas

Arthur Azevedo
Dia de finados. Sonetos Comedias, etc

Guimaraes Passos
Versos de um Simples

Luiz Murat
Ondas

Raymundo Correa
Symphonias. Alleluias. Versos e Versões

Luiz Delfino
Conchas e perolas. Aspasias. Poemas

Alberto de Oliveira
Meridionaes. Sonetos e poemas. Versos

Pedro Rabello
Opera Lyrica

Emilio de Menezes
Marcha funebre. Sonetos. No Golgotha

Filinto de Almeida
Lyrica

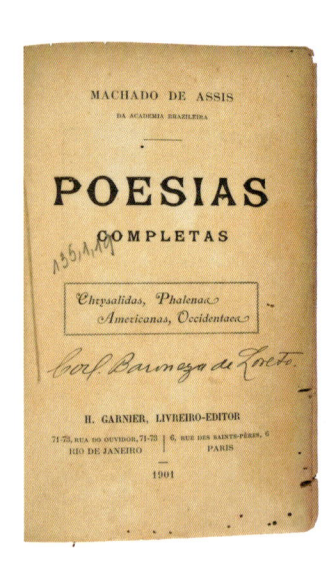

No alto, capa da primeira edição
de *Poesias completas*, de 1901. Embaixo, *carte
de visite* do estúdio do fotógrafo José Ferreira
Guimarães, c. 1900.

Na página da direita, contrato de
edição de *Poesias completas* firmado em 1900.

Entre os abaixo-assignados o Snr. Joaquim Maria Machado de Assis, residente no Rio de Janeiro, e o Snr. François Hyppolite Garnier, residente em Paris, representado pelo seu legítimo procurador o Snr. Julien Emmanuel Bernard Lansac foi justo e contractado o seguinte:

1º O Snr. Joaquim Maria Machado de Assis vende ao Snr. Hyppolite Garnier que acceita a propriedade inteira e perpetua da obra intitulada "Poesias Completas" composta de quatro partes: "Chrysalidas, Phalenas, Americanas, Occidentais", pertencendo já as tres primeiras partes ao Snr. H. Garnier; renunciando o Snr. Joaquim Maria Machado de Assis aos direitos e beneficios concedidos aos autores pela nova lei de 1º de Agosto á propriedade das suas obras com a condição de reembolsar .... da importancia recebida. As seguintes Condições:

2º O Snr. H. Garnier retribuirá o Snr. Joaquim Maria Machado de Assis pela propriedade inteira e perpetua da dita obra com a quantia de (800$000) oitocentos mil reis.

A dita quantia será paga no acto da entrega do manuscripto.

3º O Snr. Joaquim Maria Machado de Assis obriga-se á fazer nas edições successivas da obra acima mencionada todas as modificações que forem julgadas necessárias, como tambem á rever as provas de cada edição sem ter direito á remuneração alguma por estes trabalhos.

Em fé de que mandaram passar dois contractos de egual theôr por cujo comprimento se obrigam por si e seus bens, como por seus herdeiros e successores os quaes contractos entre si trocaram depois de

assignados.

Rio de Janeiro, 7 de Agosto de 1900
Jm. Machado de Assis.
H. Garnier
J. Lansac

Rio-Janeiro, le 30 mars 1902

Monsieur H. Garnier,

J'ai un volume de nouvelles, "Varias Historias" dont l'éditeur est la maison Laemmert. Celle-ci vient de me proposer une seconde édition, aux termes de la clause 5.ª de notre contrat, c'est-à-dire qu'elle aura la préférence, au cas de conditions égales. Puisque votre maison est la propriétaire de mes autres livres, je veux qu'elle le soit également de celui-ci. Donc, je vous propose les con-

conditions d'habitude et le prix d'un conto et deux cents mille réis (1:200$000). Je prie Monsieur Lansac de vous envoyer un exemplaire de l'ouvrage.

Monsieur Lansac vient de me faire part que vous aviez le projet de publier en langue espagnole quelques uns de mes romans. Si vous avez bon de m'envoyer un exemplaire de chaque traduction, je vous remercierai bien.

Agréer, et

M. de A.

Rascunho de carta de Machado de Assis ao editor Garnier tratando da edição de *Várias histórias*.

Na página da direita, contrato de edição de *Várias histórias*.

Entre os abaixo assignados o Snr Joaquim M. Machado de Assis residente no Rio de Janeiro, como autor, e o Snr H. Garnier residente em Paris, como editor, representado por seu legitimo procurador o Snr Julien Emmanuel Bernard Lansac, foi justo e contractado o seguinte:

1º — O Snr Machado de Assis como autor vende ao Snr H. Garnier como editor que acceita, a propriedade inteira e perpetua de sua obra intitulada "**Varias Historias**," mediante as condições seguintes:

2º — O Snr H. Garnier retribuirá ao Snr Machado de Assis pela propriedade da referida obra com a quantia de Rs 1:000$000, um conto de reis, a qual será paga no acto da assignatura do presente contracto que servirá de recibo da dita quantia.

3º — O Snr Machado de Assis obriga-se a não publicar nem mandar fazer publicar outra obra sobre o mesmo titulo ou identico assumpto que o da obra objecto do presente contracto.

4º — O Snr Machado de Assis renuncia a todo e qualquer direito que como autor lhe concedem as leis brasileiras.

5º — O Snr Machado de Assis, obriga-se a fazer nas edições successivas da obra acima mencionada todas as modificações que forem julgadas necessarias, como tambem a rever as provas de cada edição sem ter por isso direito a remuneração alguma.

Em fé de que mandaram passar duas vias de contracto de equal theor por cujo cumprimento se obrigam por si e seus bens, bem como por seus herdeiros e successores, os quaes contractos entre si trocaram depois de assignados.

Rio de Janeiro, Maio de 1902

P.P. H. Garnier
Machado de Assis.

PERFIS

Machado de Assis

POETAS E AGUIAS
VIII

Machado de Assis

Aqui deixamos perene
A nossa estima aó poeta.
Não chega talvez á meta
Esta *engrossação* solemne...

Tenha o Mestre a palavrinha !
Silencio ! Não façam bulha,
— « Era uma vez uma agulha,
Que disse a um novello *a linha*...

BIOGRAPHO.

Machado de Assis na pena dos caricaturistas do seu tempo. Acima, segundo K. Lixto, revista *Tagarela*, 1902.

Na página da esquerda, charges de autoria desconhecida. A primeira, de 1905, faz alusão a *Iaiá Garcia*; a segunda, à eleição do almirante Jaceguai para a Academia Brasileira de Letras, em 1907.

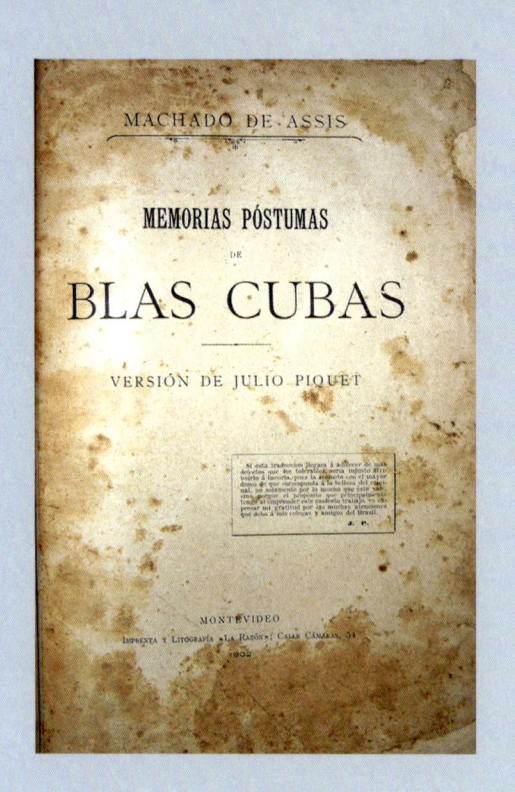

Capa e dedicatória da versão uruguaia de Julio Piquet para as *Memórias Póstumas de Brás Cubas*, Montevidéu, 1902.

Na página da direita, retrato de autoria do fotógrafo Luiz Musso, c. 1900.

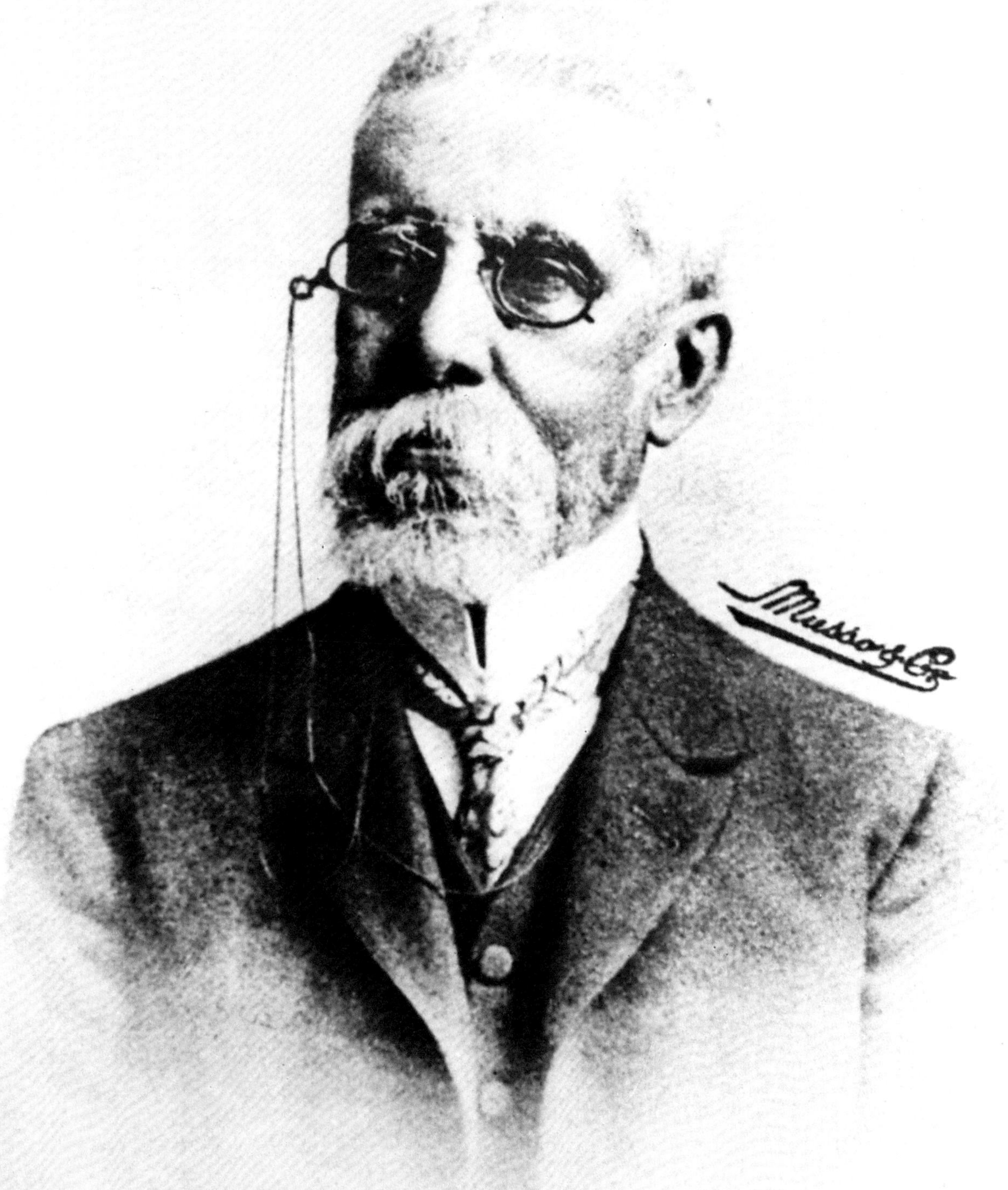
Musso & Co

Grupo da Panelinha, uma das muitas agremiações que Machado de Assis freqüentou, durante almoço realizado no Hotel Rio Branco em 1901. Em pé, da esquerda para a direita, Rodolfo Amoedo, Artur Azevedo, Inglês de Souza, Olavo Bilac, José Veríssimo, Sousa Bandeira, Filinto de Almeida, Guimarães Passos, Valentim Magalhães, Rodolfo Bernardelli, Rodrigo Otávio e Heitor Peixoto. Sentados, João Ribeiro, Machado de Assis, Lúcio de Mendonça e Silva Ramos.

Na página da direita, o mesmo grupo à mesa do almoço, com Machado de Assis à esquerda em primeiro plano.

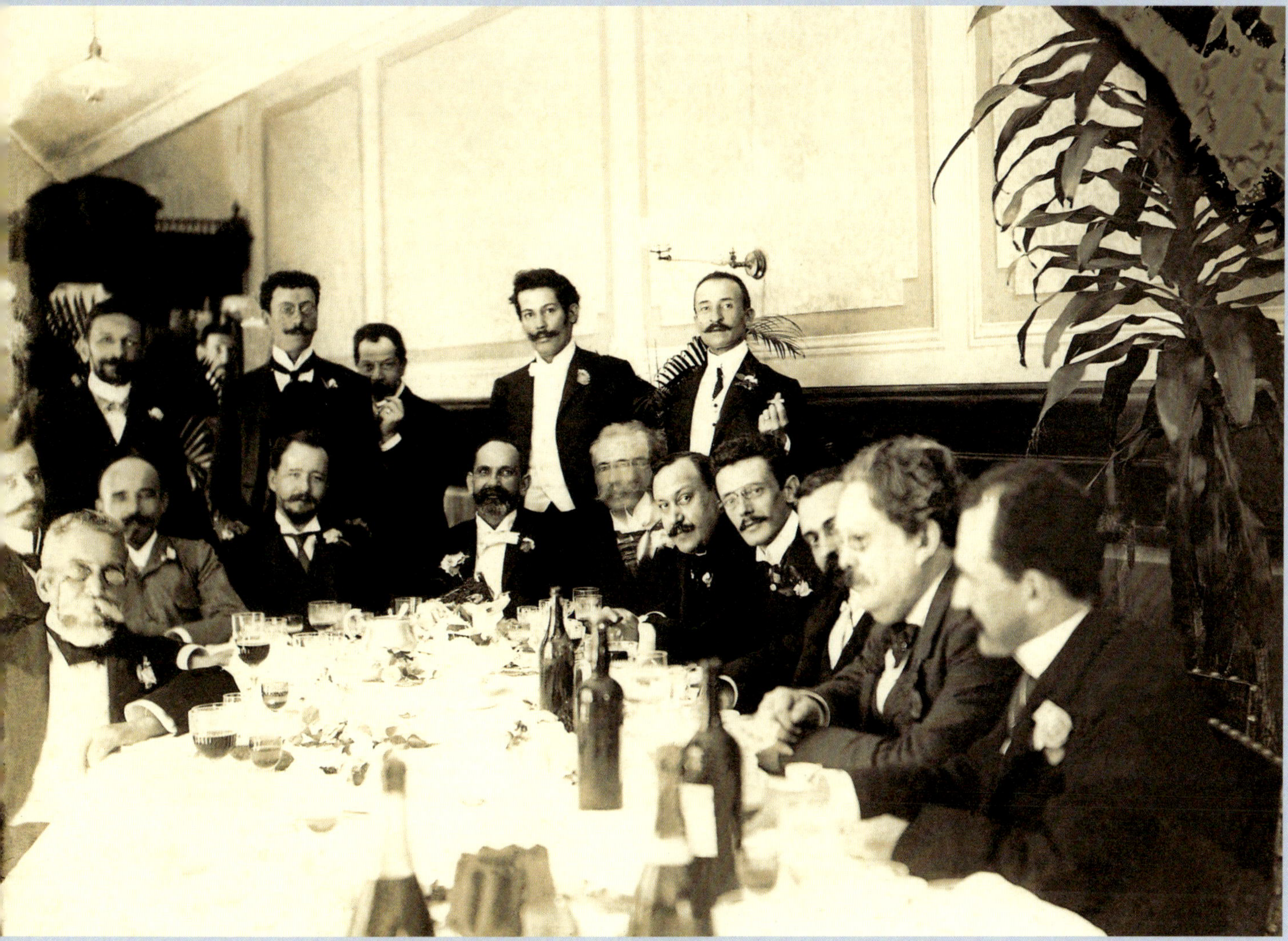

Fotografia de autor não identificado que serviu de base para o desenho de Henrique Bernardelli, de 1904, à direita.

Na página da direita, quadro a óleo de Henrique Bernardelli e fotografia tirada quando Machado posava para o pintor, em 1905; na pintura aparece o ramo do carvalho de Tasso, que não está na fotografia.

Fotografia de Machado de Assis, feita em 1905, quando posou para o grande óleo de Henrique Bernardelli, que se encontra na Academia Brasileira. Observa-se que, na foto, não aparece o vaso de "Carvalho de Tasso", incluído pelo pintor no quadro.

Cartão-postal
enviado a Tomás
Lopes, 1903.

Na página da direita,
cartão-postal
enviado a Luzia
Bandeira, 1903.

A Vida, posto nascesse antes da Morte, é sempre mais moça que a irmã. Porquê?

2? Maio 1903
Machado de Assis

CARTE POSTALE
Ce côté est exclusivement réservé à l'adresse.

A' Illma. Sra. Senhora
D. Luria Bandeira

132.C.1

Lorena - 21 de Janeiro de 1903

Ex.mo Snr Machado de Assis

Tenho a honra de solicitar a V. Exc.ª a minha inclusão entre os candidatos á vaga existente na Academia de Letras. Certo de uma acquiescencia, que por si só valerá para mim como melhor dos titulos, subscrevo-me com a mais elevada consideração de V. Exc.ª

C.d.º m.to att.º e adm.or

Euclydes da Cunha

(Cadeira Castro Alves)
Letra de O. Bilac?

Cartão postal enviado por Euclides da Cunha, Lorena, 26 de dezembro de 1903.

Na página da esquerda, Euclides da Cunha pleiteia em carta a Machado de Assis sua candidatura a membro da Academia Brasileira de Letras, Lorena, 21.06.1903.

Trecho da chamada Prainha à época das obras da Avenida Central, João Martins Torres, 1904.

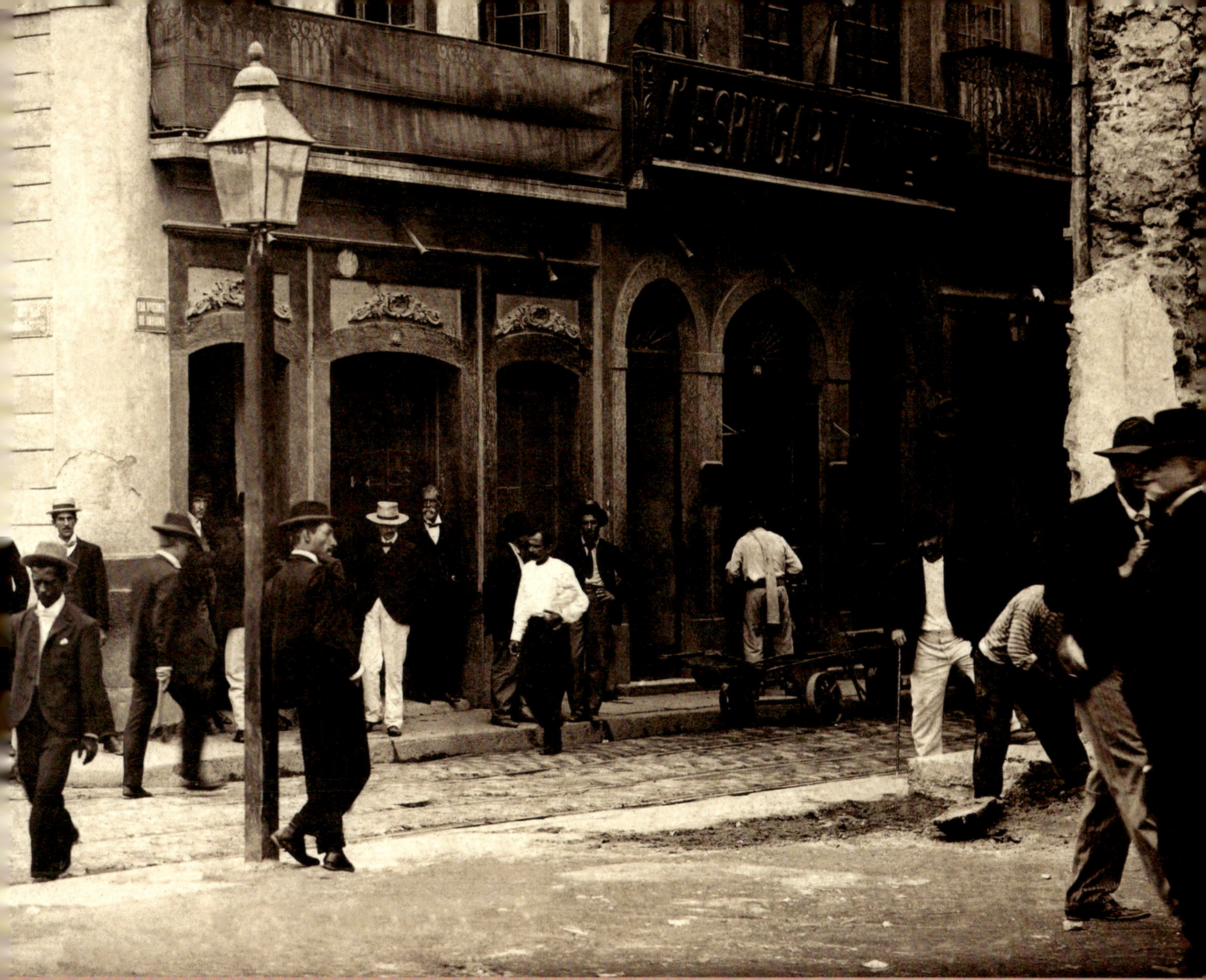
L'ESPINGARD

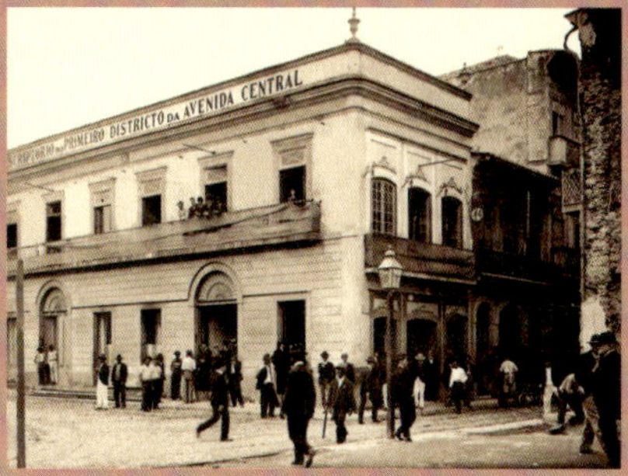
PRIMEIRO DISTRICTO DA AVENIDA CENTRAL

Aditivo de contrato firmado com o editor H. Garnier em que o livro *Último* passa a se chamar *Esaú e Jacó*.

Na página da direita, no alto, capa da primeira edição de *Esaú e Jacó*. Embaixo, vista do Morro do Castelo, com a igreja de São Sebastião ao centro, Juan Gutierrez, c. 1894.

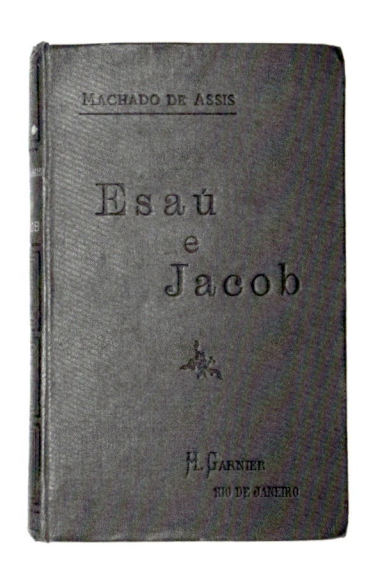

"Era a primeira vez que as duas iam ao morro do Castelo. Começaram de subir pelo lado da Rua do Carmo. Muita gente há no Rio de Janeiro que nunca lá foi, muita haverá morrido, muita mais nascerá e morrerá sem lá pôr os pés. Nem todos podem dizer que conhecem uma cidade inteira. Um velho inglês, que aliás andara terras e terras, confiava-me há muitos anos em Londres que de Londres só conhecia bem o seu *club*, e era o que lhe bastava da metrópole e do mundo. Natividade e Perpétua conheciam outras partes, além de Botafogo, mas o morro do Castelo, por mais que ouvissem falar dele e da cabocla que lá reinava em 1871, era-lhes tão estranho e remoto como o *club*. O íngreme, o desigual, o mal calçado da ladeira mortificavam os pés às duas pobres donas. Não obstante, continuavam a subir, como se fosse penitência, devagarinho, cara no chão, véu para baixo."

[*Esaú e Jacó*, 1904, cap. I]

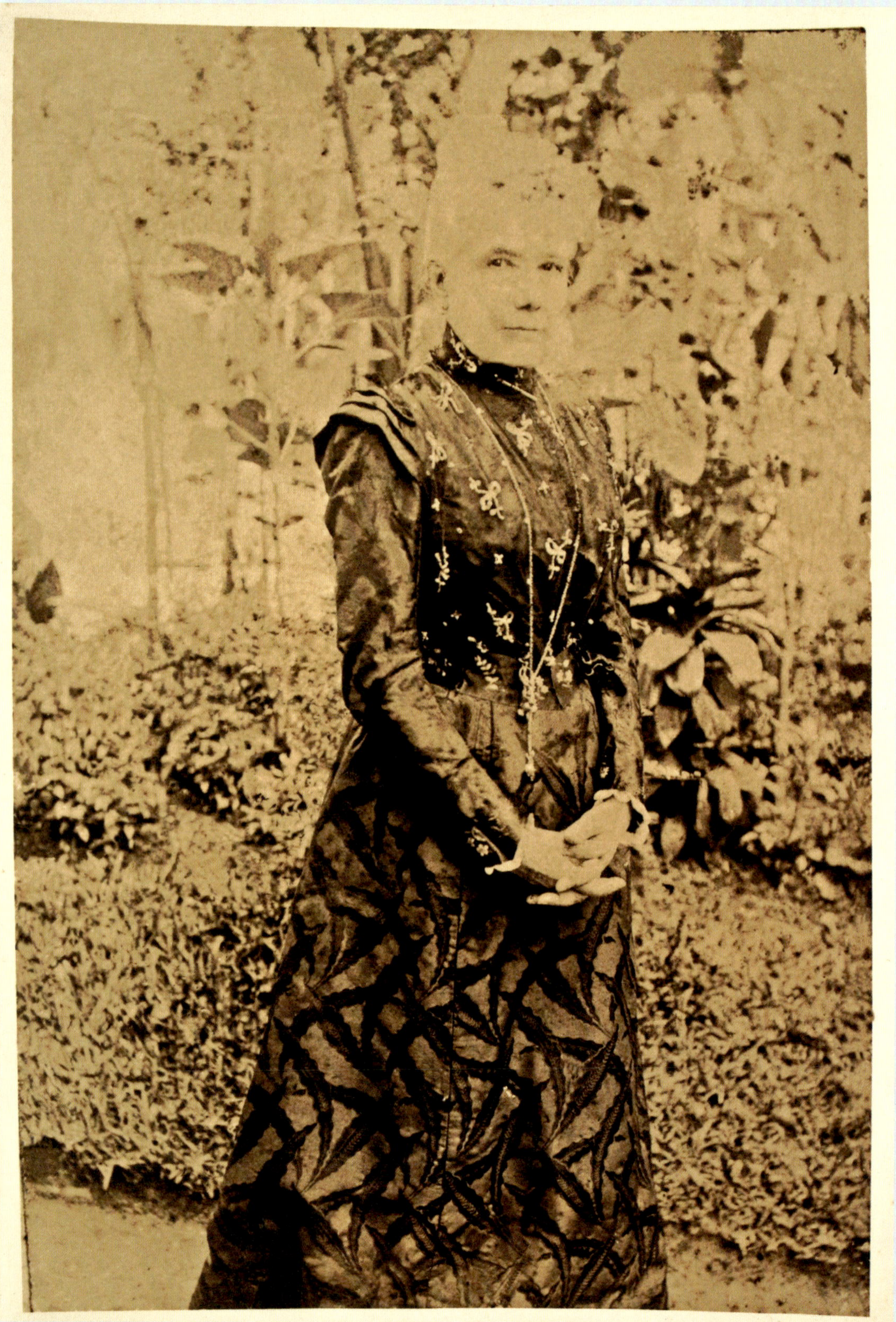

> Rio d' Janeiro, 6 de Nov. 1904
>
> Meu querido amigo e compadre,
>
> Recebi e agradeço o seu abraço de pesames pela morte da minha boa e estremecida esposa. Imaginou bem o golpe; não podia ser maior. Não se rompe assim uma existencia de trinta e cinco annos sem deixar sangrando a parte que fica.

Em trecho de carta, Machado de Assis agradece manifestação de pêsames pela morte de sua esposa, ocorrida a 20 de outubro de 1904.

Na página da esquerda, a última fotografia conhecida de Carolina Augusta de Novaes Machado de Assis.

1905
1908

1905 Com tradução anônima, sai em Buenos Aires *Esaú y Jacob*, versão em espanhol do romance de Machado. Firma contrato com H. Garnier para a publicação da obra *Relíquias de casa velha*. Em agosto, em sessão solene da Academia Brasileira de Letras, recebe um ramo do carvalho de Tasso, enviado por Joaquim Nabuco. Em 12 de outubro, redige seu segundo testamento.

1906 Publicação de *Relíquias de casa velha*. Em setembro, comparece ao almoço oferecido ao prefeito Pereira Passos pelo general Uribes y Uribes, no Clube dos Diários. Firma contrato com H. Garnier de compra e venda da propriedade inteira e perpétua do romance *A mão e a luva*.

1907 Em 31 de outubro, pronuncia discurso no banquete oferecido pela Academia Brasileira ao historiador Guglielmo Ferrero.

1908 Publica *Memorial de Aires*, seu último romance. Em 1 de junho, entra em licença, no Ministério da Viação, para tratamento de saúde. Em 29 de setembro, falece Joaquim Maria Machado de Assis, às 3h20, na sua residência da rua Cosme Velho, 18. Foi sepultado no cemitério de São João Batista, carneiro 1359.

Silhueta de Machado de Assis de autoria de
Raul Pederneiras na seção "Sombrinhas Imortais"
da revista *Fon Fon!*, junho de 1908.

Nas páginas seguintes, demolição do Mercado
da Glória durante a reforma urbana do prefeito
Pereira Passos, João Martins Torres, c. 1904.

121 - Torres

"Não sei por que razão, uma vez começado o aterro do porto, em frente à Glória, não iríamos ao resto e não o aterraríamos inteiramente. Nada de abanar a cabeça; leiam primeiro. Não está provado que os portos sejam indispensáveis às cidades. Ao contrário, há e teria havido grandes, fortes e prósperas cidades sem portos. O porto é um acidente e às vezes um mau acidente. Por outro lado, as populações crescem, a nossa vai crescendo, e ou havemos de aumentar as casas para cima, ou alargá-las. Já não há espaço cá dentro. Os subúrbios não estão inteiramente povoados, mas são subúrbios. A cidade, propriamente dita, é cá embaixo."
["A Semana", 26.08.1894.]

"Talvez os homens venham algum dia a atulhá-la de terra e pedras para levantar casas em cima, um bairro novo, com um grande circo destinado a corridas de cavalos. Tudo é possível debaixo do sol e da lua."
[*Esaú e Jacó*, cap. L, 1904]

Demolições entre as ruas do Rosário e Ouvidor, João Martins Torres, c. 1904.

Na página da direita, obras em frente ao Convento da Ajuda, João Martins Torres, c. 1904.

Nas páginas seguintes, a construção de edifícios, pavimentação e instalação de postes de iluminação transformam a Avenida Central, atual Rio Branco, num *boulevard* de estilo parisiense. João Martins Torres, c. 1904.

"Se tendes imaginação, fechai os olhos e contemplai toda essa imensa baía aterrada e edificada. A questão do corte do Passeio Público ficava resolvida; cerceava-se-lhe o preciso para alargar a rua, ou eliminava-se todo, e ainda ficava espaço para um passeio público enorme. Que metrópole! que monumentos! que avenidas! Grandes obras, uma estrada de ferro aérea entre a Laje e Mauá, outra que fosse da atual praça do Mercado a Niterói, iluminação elétrica, aquedutos romanos, um teatro lírico onde está a ilha Fiscal, outro nas imediações da igrejinha de S. Cristóvão, dez ou quinze circos para aperfeiçoamento da raça cavalar, estátuas, chafarizes, piscinas naturais, algumas ruas de água para gôndolas venezianas, um sonho."
["A Semana", 26.08.1894]

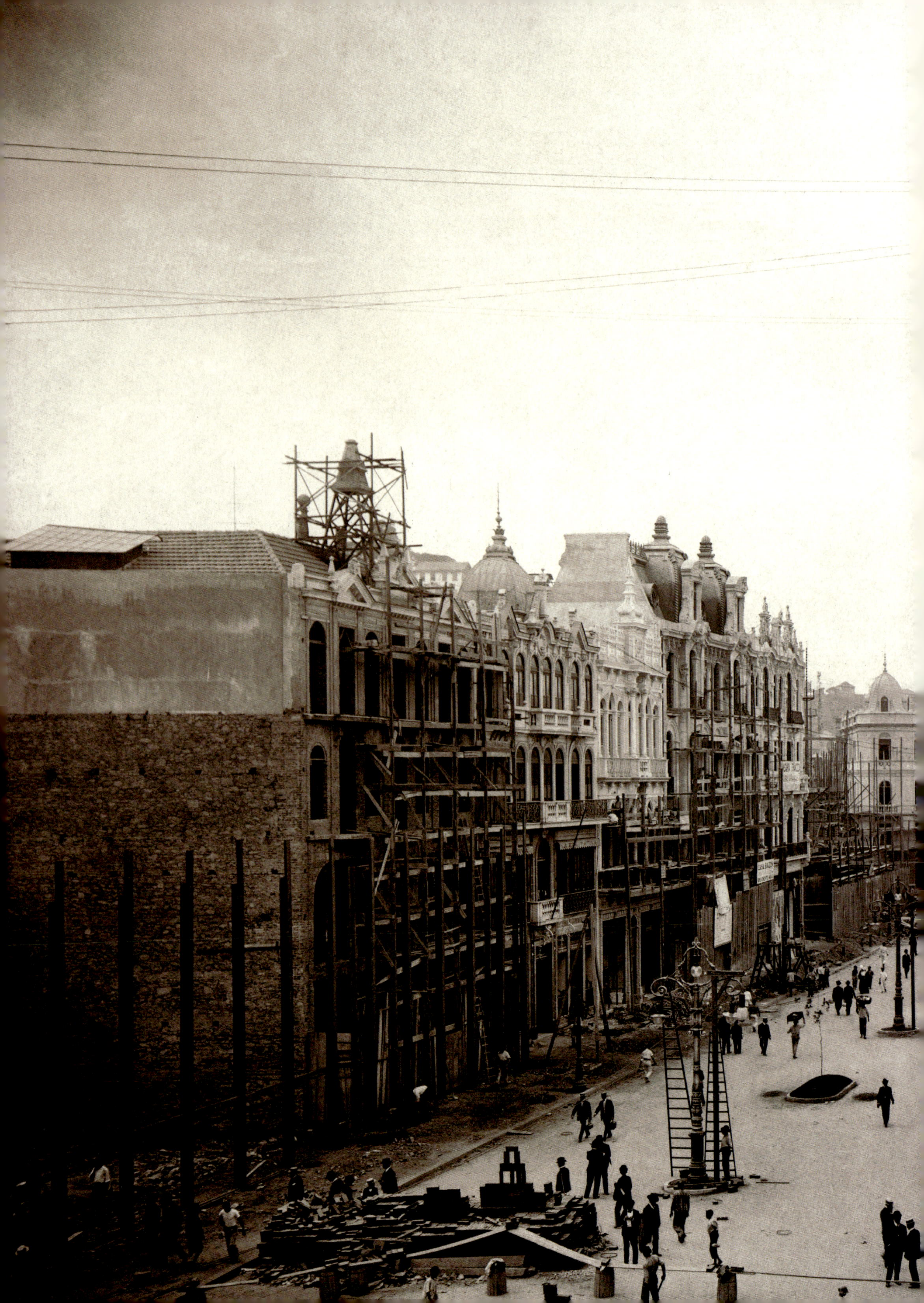

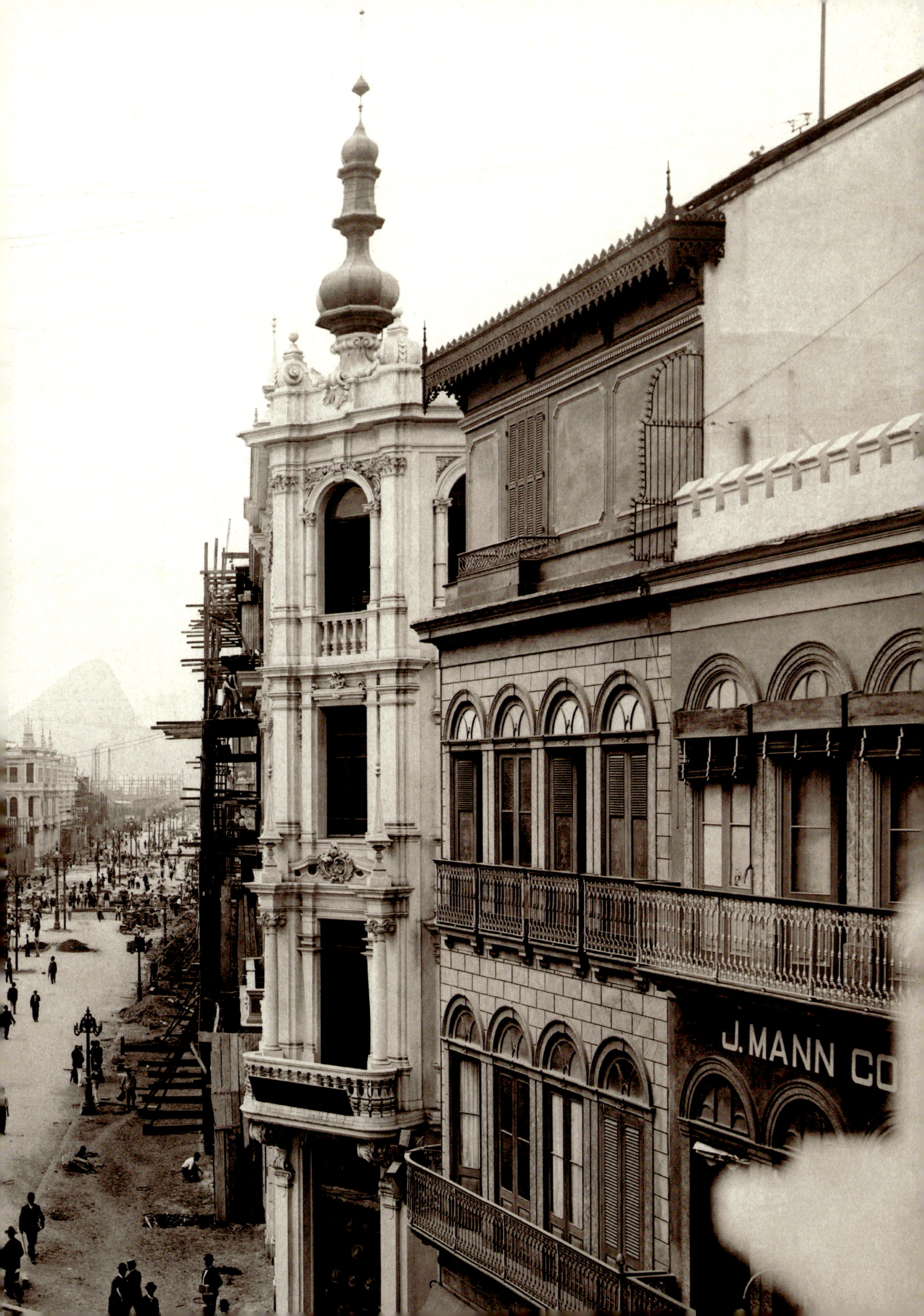
J. MANN CO

"Também a cidade não lhe pareceu que houvesse mudado muito. Achou algum movimento mais, alguma ópera menos, cabeças brancas, pessoas defuntas; mas a velha cidade era a mesma."
[*Esaú e Jacó*, cap. XXXII, 1904]

Rua Marechal Floriano, entre Uruguaiana e Largo de Santa Rita, Augusto Malta, 1906.

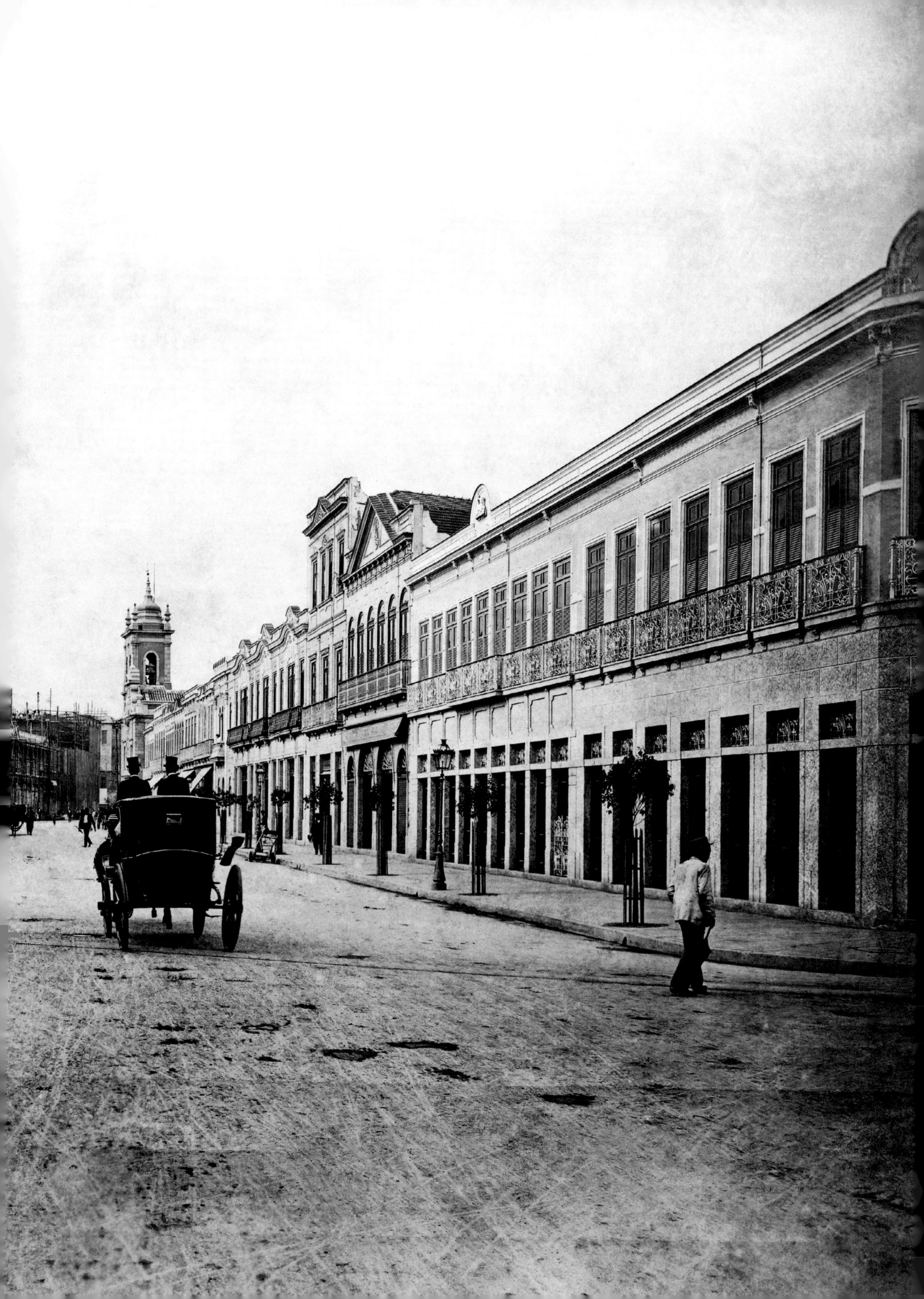

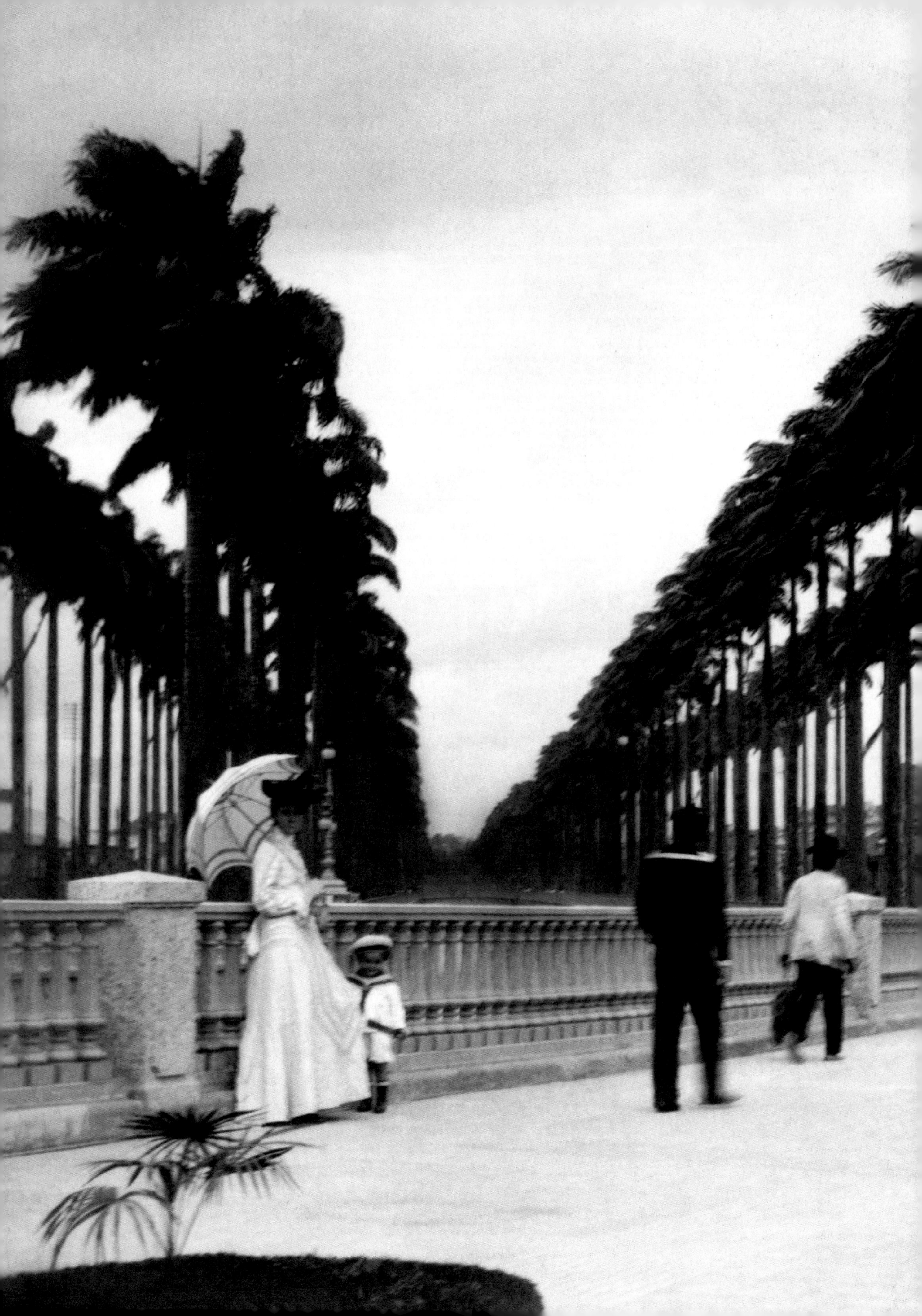

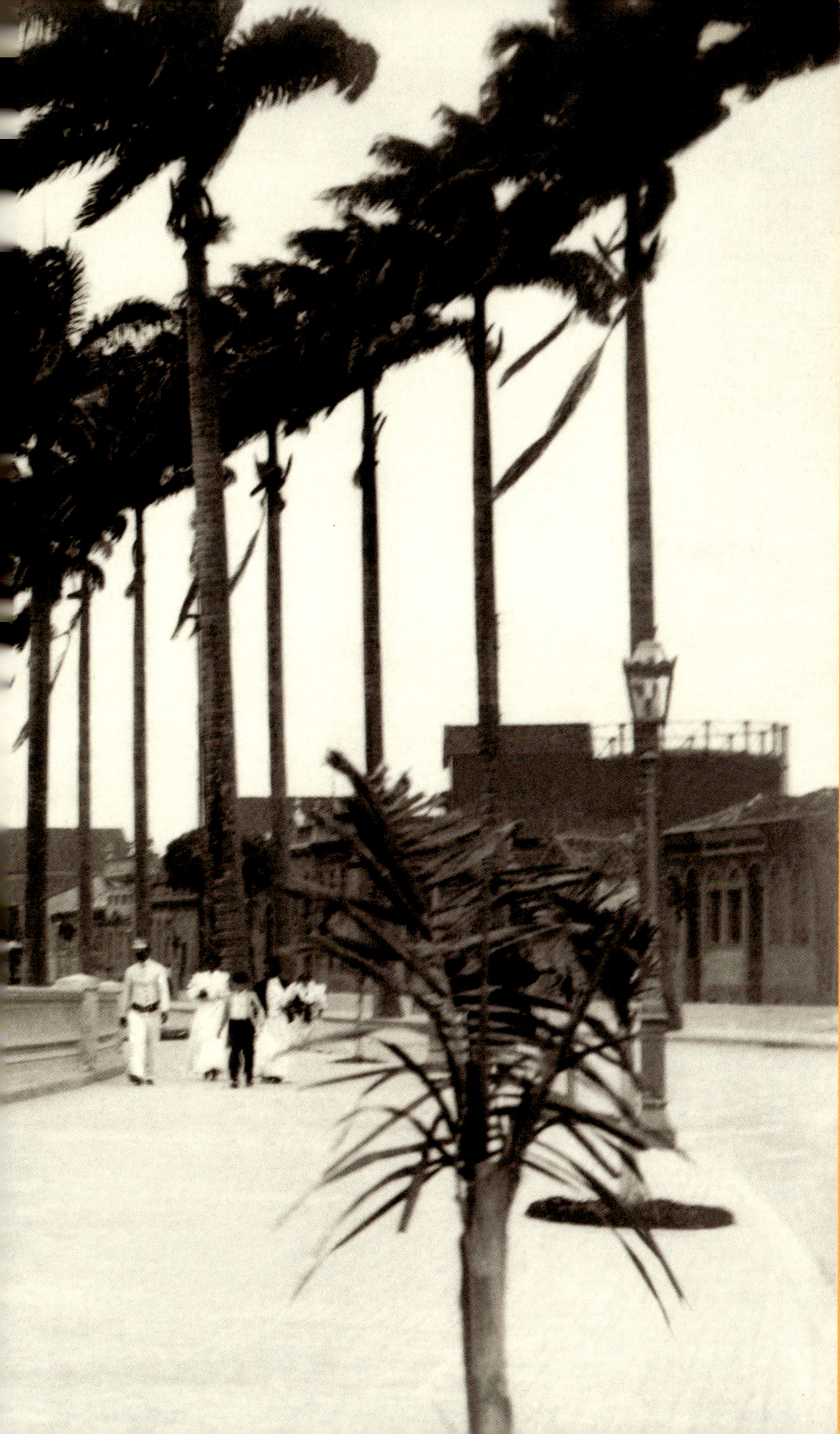

MACHADO DE ASSIS
DA ACADEMIA BRASILEIRA

Reliquias
de
Casa Velha

H. GARNIER, LIVREIRO-EDITOR
71, RUA DO OUVIDOR, 71 | 6, RUE DES SAINTS-PÈRES, 6
RIO DE JANEIRO | PARIS
1906

Ao bom am.º e illustre companheiro
J. Verissimo
13-2-6
Machado de Assis

Corte 18 7/10 86

Meu caro Raymundo Correa,

A distancia não tira a memoria aos amigos. O seu telegramma de hontem chegou a tempo de ser lido pelos que cá estavam comigo, e pensavam no ausente. Muito obrigado pelas suas boas palavras, e um cordial aperto de mão. Adeus, caro poeta; saudades do

Velho am.º e comp.
Machado de Assis.

Cartão-postal enviado à atriz Julieta Pinto, 1905.

Na página da esquerda, no alto, capa da primeira edição de *Relíquias de casa velha*, 1906, e, embaixo, carta a Raimundo Correa.

Nas páginas anteriores, canal do Mangue, atual Avenida Francisco Bicalho, com suas aléias de palmeiras imperiais, fotografado por um amador alemão no início do século xx.

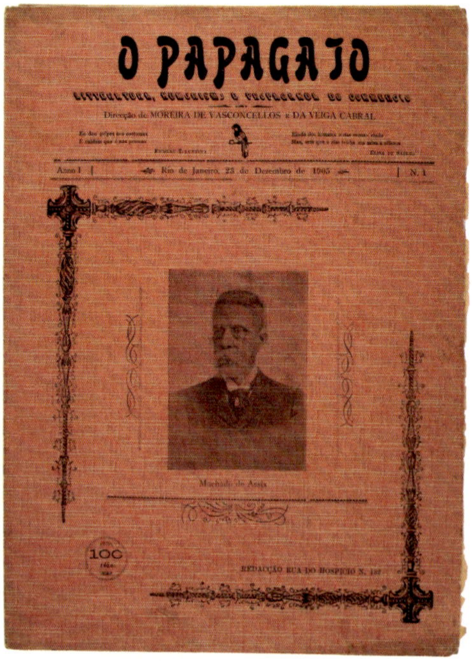
O PAPAGAIO
Direcção de MOREIRA DE VASCONCELLOS e DA VEIGA CABRAL
Anno I
N. 1
Machado de Assis
REDACÇÃO RUA DO HOSPICIO

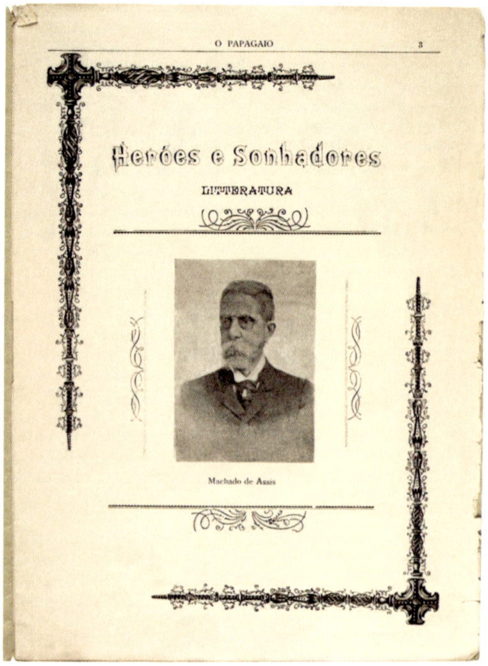
O PAPAGAIO
3
Heróes e Sonhadores
LITTERATURA
Machado de Assis

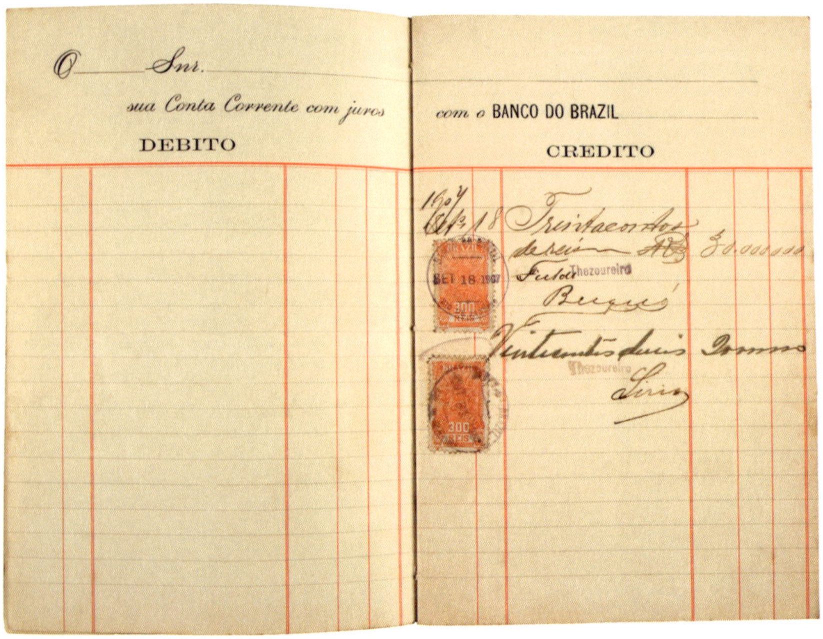
O Snr.
sua Conta Corrente com juros
com o BANCO DO BRAZIL
DEBITO
CREDITO
Thezoureiro
Thezoureiro

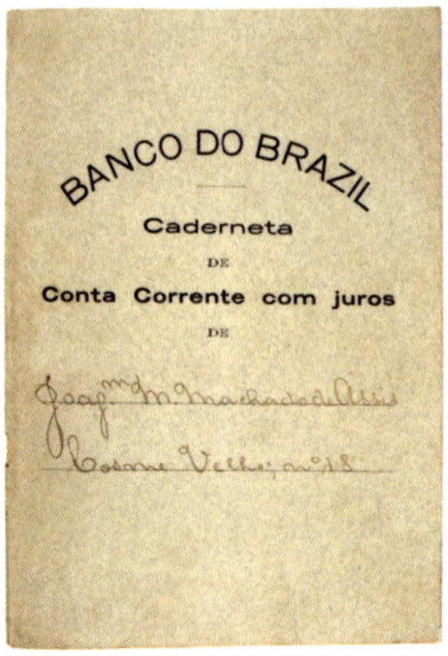
BANCO DO BRAZIL
Caderneta
DE
Conta Corrente com juros
DE

Na página da esquerda, no alto, capa e página interna da revista *O papagaio*, dezembro de 1905. Embaixo, a caderneta de poupança de Machado de Assis.

No cartão-postal enviado por Olavo Bilac a Machado de Assis, o monumento a Eça de Queirós.

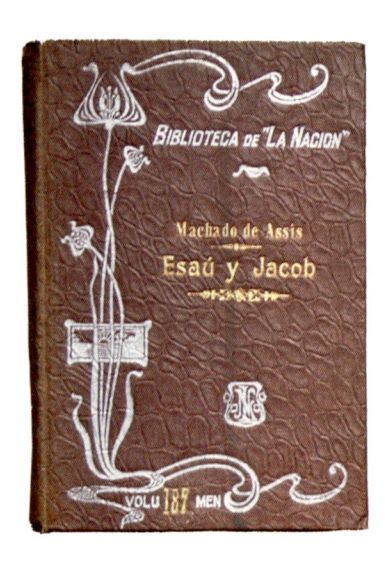

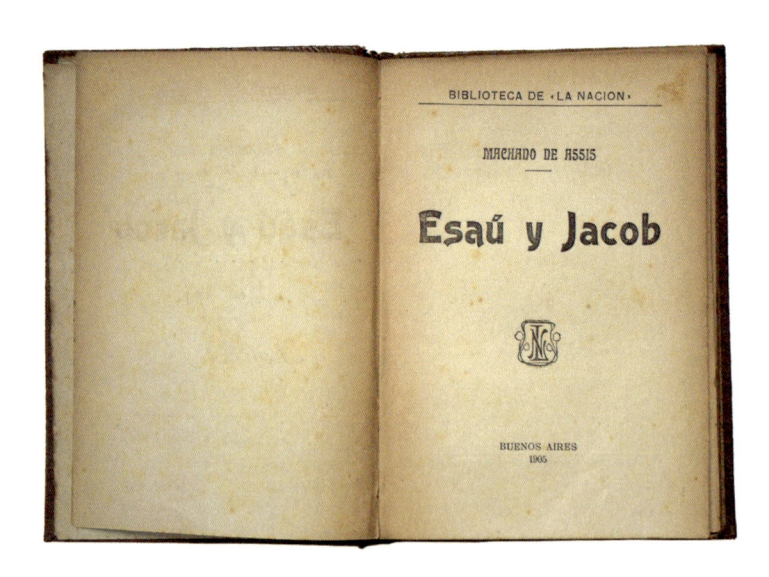

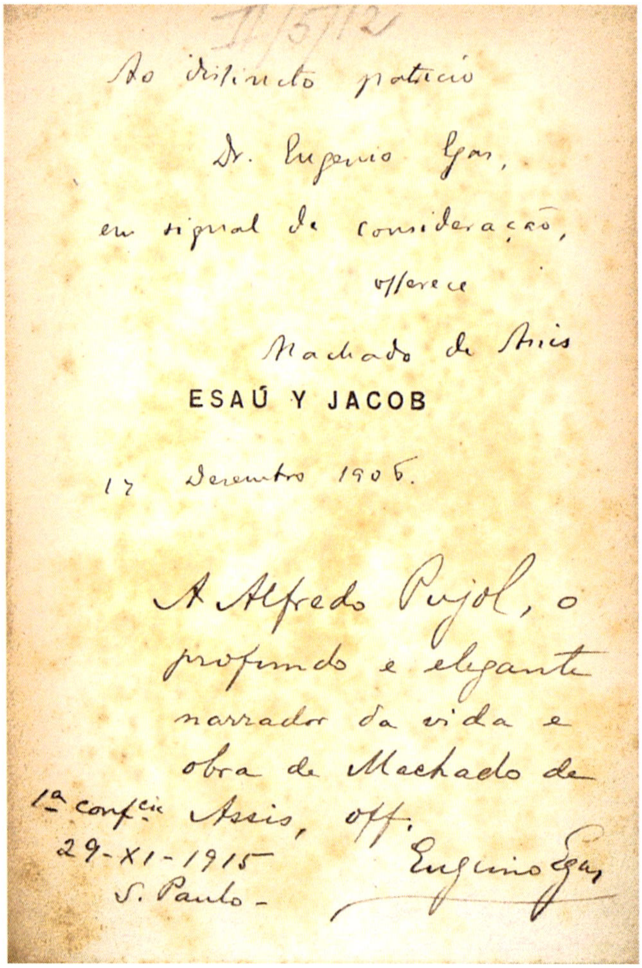

No alto, capa e folha de rosto da tradução para o espanhol de *Esaú e Jacó* distribuída na Argentina pelo jornal *La Nación*, 1905. Embaixo, página com dedicatórias de Machado de Assis a Eugenio Egas, 1905, e deste para Alfredo Pujol, 1915.

Na página da direita, o "aperitivo dos intelectuais" na Confeitaria Castelões, segundo a revista *Fon Fon!*, instantâneo em que aparecem Machado de Assis, José Veríssimo, Euclides da Cunha e Walfrido Ribeiro, maio de 1907.

Nas páginas seguintes, Machado de Assis, o segundo da esquerda para a direita, participa de evento social no Clube dos Diários por ocasião da 3ª Conferência Pan-Americana. À sua direita aparecem Joaquim Nabuco e o prefeito Pereira Passos; Augusto Malta, 1906.

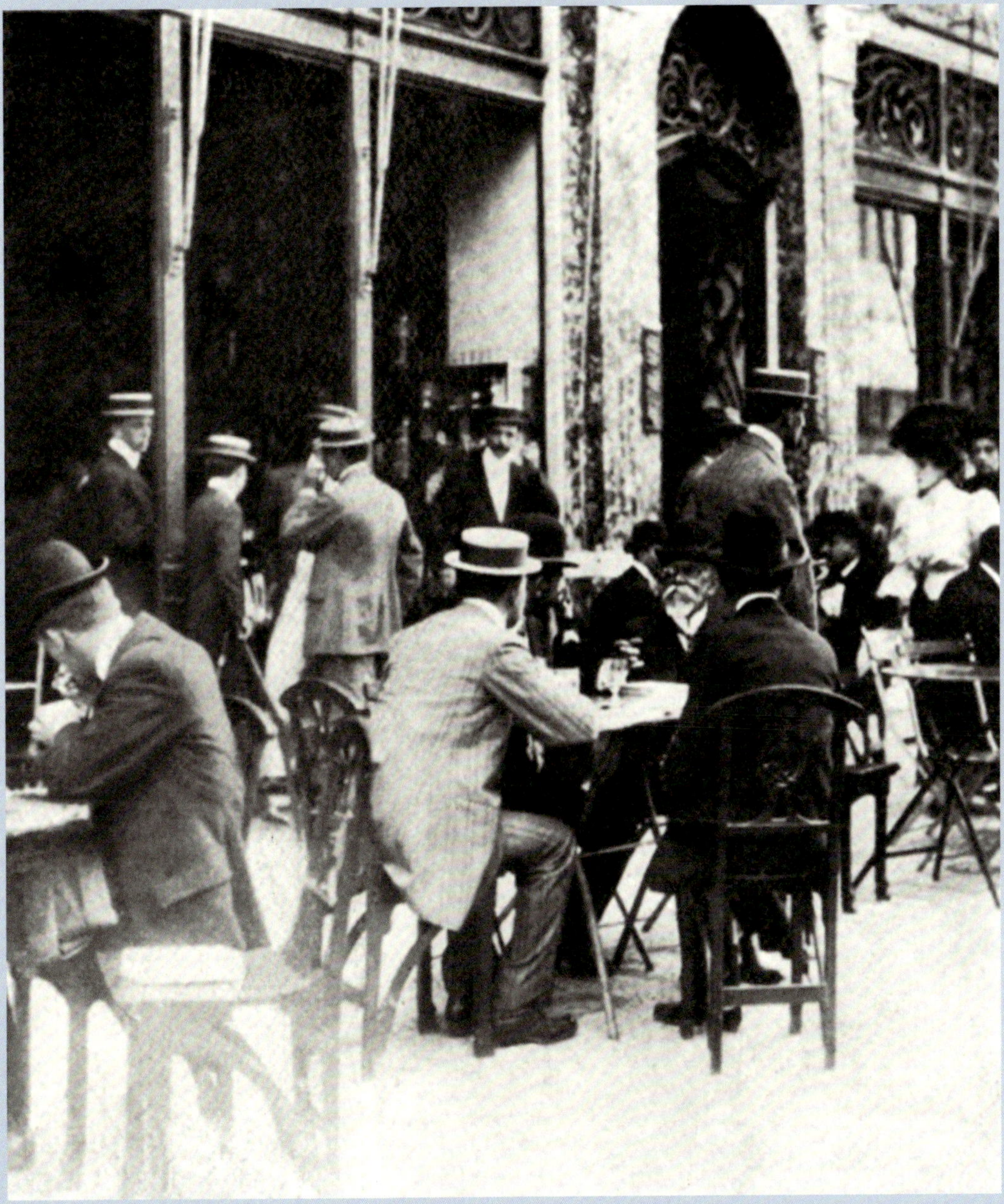

No Jardim
do C. dos Diari
por occasião do
...

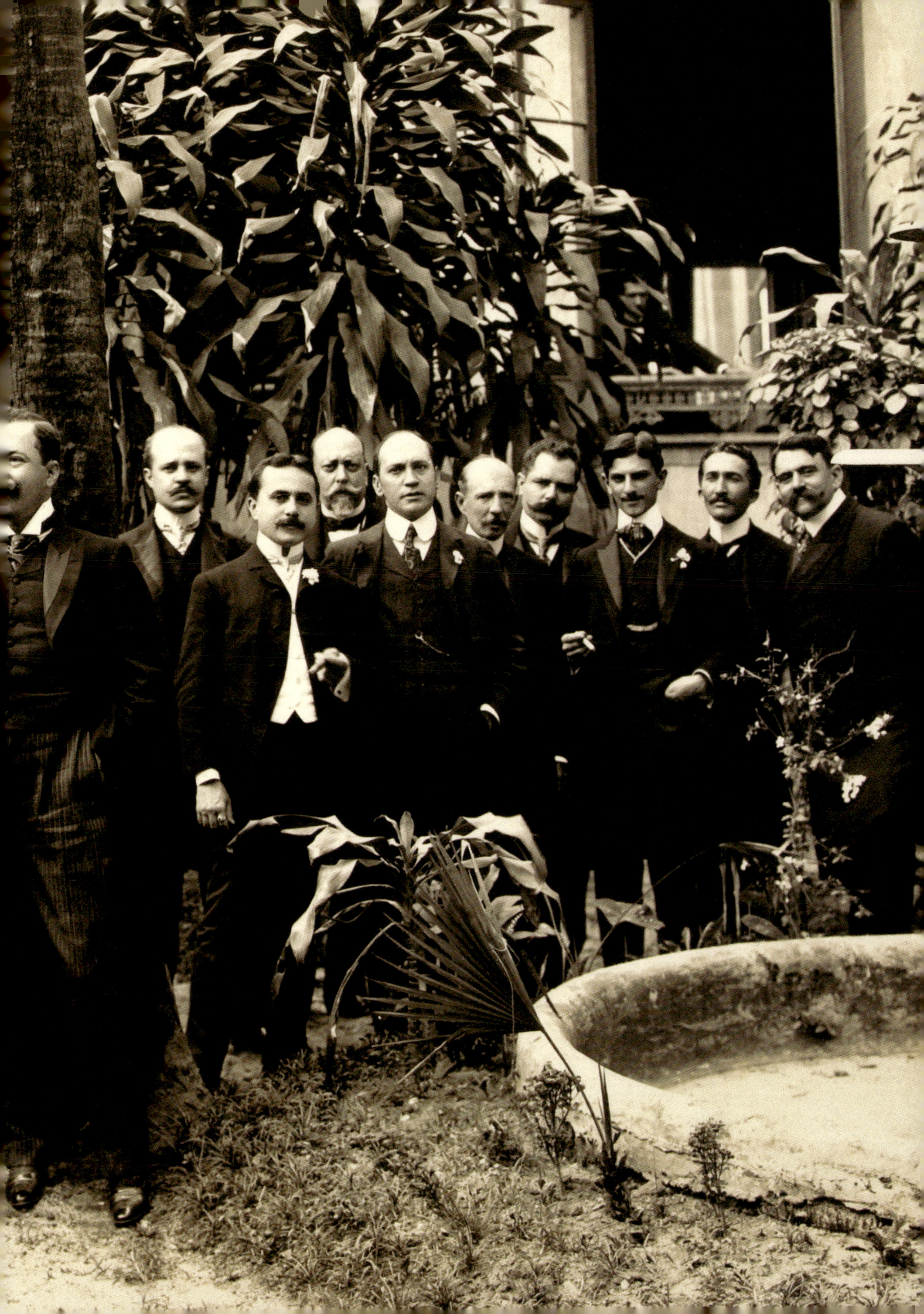

cou. Uma enorme carroça descarregava num armazem proximo uma locomotiva completa, sem faltar nada, até a chaminé tinha.

O bonde pára á espera que a difficil operação acabe. Demora-se. Passam-se dous minutos, tres quatro... Manoel fica impaciente; os passageiros seguem-no; faz-se uma algazarra no bonde.

Os carregadores fazem um esforço maior, a locomotiva escorrega do estrado da carroça e o bonde pode seguir.

De quando em quando, Manoel consulta o relogio. Faltavam 8 minutos... Pode pegar ainda... Faltam 6... Ainda está no Correio... Perdeu... O bonde toma alguma velocidade; em frente á igreja do Carmo, faltam quatro; o cocheiro estimula os animaes e, ao chegar á estação, a barca apita. Manoel entra correndo, correndo continua pelo fluctuante e, quando vae dar um salto para apanhar a barca, ella se afasta e o auxiliar politico toma um banho obrigado.

Philosophando

Deixem lá, eu gostei da defeza do Roca — Nãoda sua literatura, dos seus rasgos de uma oratoria suspeita, cheia de periodos commovedores, tal qualmente a da promotoria, mas da defeza em si — Não creio que lhe fosse a intenção zombar do Jury, das instituições e muito menos da Sociedade. O patife no fundo estava convencido de que era eloquente, capacitaria fatalmente o Conselho de sua innocencia, jogava mais uma partida, eis tudo. E tanto não errava que aquella rica peça que teve as honras de publicação integral nas columnas de varios orgãos da imprensa como se fosse por ahi uma mensagem presidencial, um relatorio de ministro ou um discurso parlamentar de sensação, chegou a convencer de sua innocencia um dos jurados pelo voto do qual estaria na rua a estas horas, e quem sabe, talvez contractando o padre para dizer uma missa na intenção das victimas. — Honrado Roca e honrado jurado!

Mas si não foi essa a intenção o resultado foi esse — Jamais melhor zombaria, se fez ainda á instituição do Jury que o formidavel discurso do bandido.

O cynismo com que chalaceava rindo elle proprio de suas pilherias, a desfaçatez com que se innocentava accusando os encarregados da descoberta dos crimes, as suas investidas malcriadas aos accusados que ali representavam a Lei, tudo demonstra quanta rasão ha nos que querem a suppressão desse desmoralisado apparelho social, que só serve para dar o espectaculo da barata rhetorica já banida de outros logares e que ali foi procurar o seu refugio conseguindo ahi convencer ainda uns pobres ignorantes que por via de regra constituem o tribunal popular.

Lavrou o Roca um tento — E se não conseguiu desta vez ser absolvido deve-o ao seu máu genio — Quando for submettido a novo jury não faça mais desaforos, nem pilherie — Faça-se meigo, terno, commovedor; proclame sua innocencia com as lagrimas nos olhos, appelle para os nomes das suas victimas, invoque o Deus que tudo vê e tudo sabe que ali estará no fundo do salão, e pode contar com a piedade dos jurados tontos de somno e de compaixão — Faça isso, *Roca, et bonne chance!*

A Torre do Silencio

O olho severo fito
Numa gravura:
"O Appolonio Zenaides é bonito
E está bem no retrato" em voz segura
Monologava Hasslocher, o ar convicto.
A estampa olhei: sob uma torre escura
"A Torre do Silencio" estava escripto.

A Farda Academica

No mesmo dia em que o illustre Senador Alvaro Machado, apresentava ao Senado o seu luminoso projecto creando uma faxa distinctiva para uso e goso dos nossos Presidentes da Republica, o *Jornal do Commercio* noticiava em *Varia* que se pensava em estabelecer o uso de uma farda honorifica para ornamentação individual dos membros da nossa douta Academia de Lettras.

A idéa não pode deixar de ter partido do Almirante Jaceguay. Só ao espirito militar disciplinador de S. Ex. podia acudir tão inefavel lembrança.

A difficuldade, segundo nos informou o Dr. Graça Aranha, está na escolha do fardamento.

O Sr. José Verissimo, fundamentalmente patriota, propõe que seja de *kaki*, como uma justa homenagem ao Exercito.

O Sr. Jaceguay pensa que deve ser mais sumptuosa. E propõe uma farda de panno preto, fechada, com o districto em lettras de ouro sobre o peito — *Academia de Lettras*.

O Sr. Machado de Assis, eternamente modesto, contenta-se com uma simples farda de Coronel da Guarda Nacional, substi-

FON-FON!

uindo-se os galões por um livro aberto.

dolman preto de guarda civil ou de inspector de vehiculos.

Na sua proxima reunião a Academia de Lettras discutirá esse importantissimo assumpto.

Marechal Mallet

Fon-Fon expressa nestas linhas ao nosso bravo Exercito, a sinceridade das suas condolencias pelo passamento de um dos seus mais brilhantes e illustrados Officiaes-Generaes — o Marechal João Nepomuceno de Medeiros Mallet.

Os funeraes do illustre Marechal, foram a ultima prova da veneração nacional em que era tido e do sentimento que em todos produziu a sua morte.

Mas o Barão do Rio Branco e Oliveira Lima, preferem coisa mais apparatosa, que chame mais a attenção, que distinga mais e opinam pela adopção dos conhecidos *Tambours-major*.

E por ultimo, os Srs. Mario de Alencar e Graça Aranha preferem o uso elegante do vestuario das vivandeiras.

Allegam, os dois illustrados *immortaes* que a farda pesa mui-

Houve movimento de nomeações e transferencias no nosso Corpo Diplomatico.

Foi uma bella idéa do Sr. Barão do Rio Branco, porque só assim ficamos sabendo os nomes de varios illustres desconhecidos... que nos representam lá fóra.

O Sr. Euclides Cunha não quer saber de farda que lhe lembra de perto, o militarismo, e concorda que se adopte o

to sobre a sua radiosa mocidade, ao passo que o vestuario de vivandeira, além de ser leve, é até gracioso.

Arthur de Azevedo no seu brilhante folhetim *O Theatro*, declarou que um seu collega da Academia dissera que *o cinematographo era preferivel ao theatro, porque ao menos alli não se ouvia asneiras*.

Fon-Fon resolveu abrir um concurso para saber qual seria o *immortal*, terrivelmente *snob*, que expendeu semelhante opinião.

Votos até 15 de Janeiro vindouro. Premio um volume do Theatro de Ibsen, ao immortal que reunir maior votação.

CONSELHO MUNICIPAL

Depois do cinematographo, as sessões do Conselho Municipal são um dos divertimentos mais pittorescos da vida actual da nossa heroica cidade.

Fon-Fon lá foi uma vez e agora... hade ir sempre.

E' divertido, creiam vocês. E se fosse possivel cinematographar, já não digo a rhetorica, nem a grammatica dos Demosthenes do largo da Mãe do Bispo, mas o gesto, a compustura de toda aquella *legislação-mirim*, dava uma *fita* comica, melhor, talvez, do que a do cinturão electrico.

Demais, ha alli coisas imprevistas.

O Sr. Raboeira discutindo o Matadouro Modelo, chega a ser epico. O Sr. Assumpção fallando sobre a reforma do ensino municipal, é notavel, porquanto S. S. não se limita tão unicamente á especialidade das suas funcções — as linguas mortas — e trata de provar a sua competencia até nas mais comezinhas regras da grammatica.

Emfim, as sessões do Conselho de agora, tem todos os attractivos de uma excellente diversão, melhor talvez, que os cinematographos.

Fon-Fon de hoje em diante não perderá uma unica.

E' tão bom rir desafogadamente; faz tanto bem.

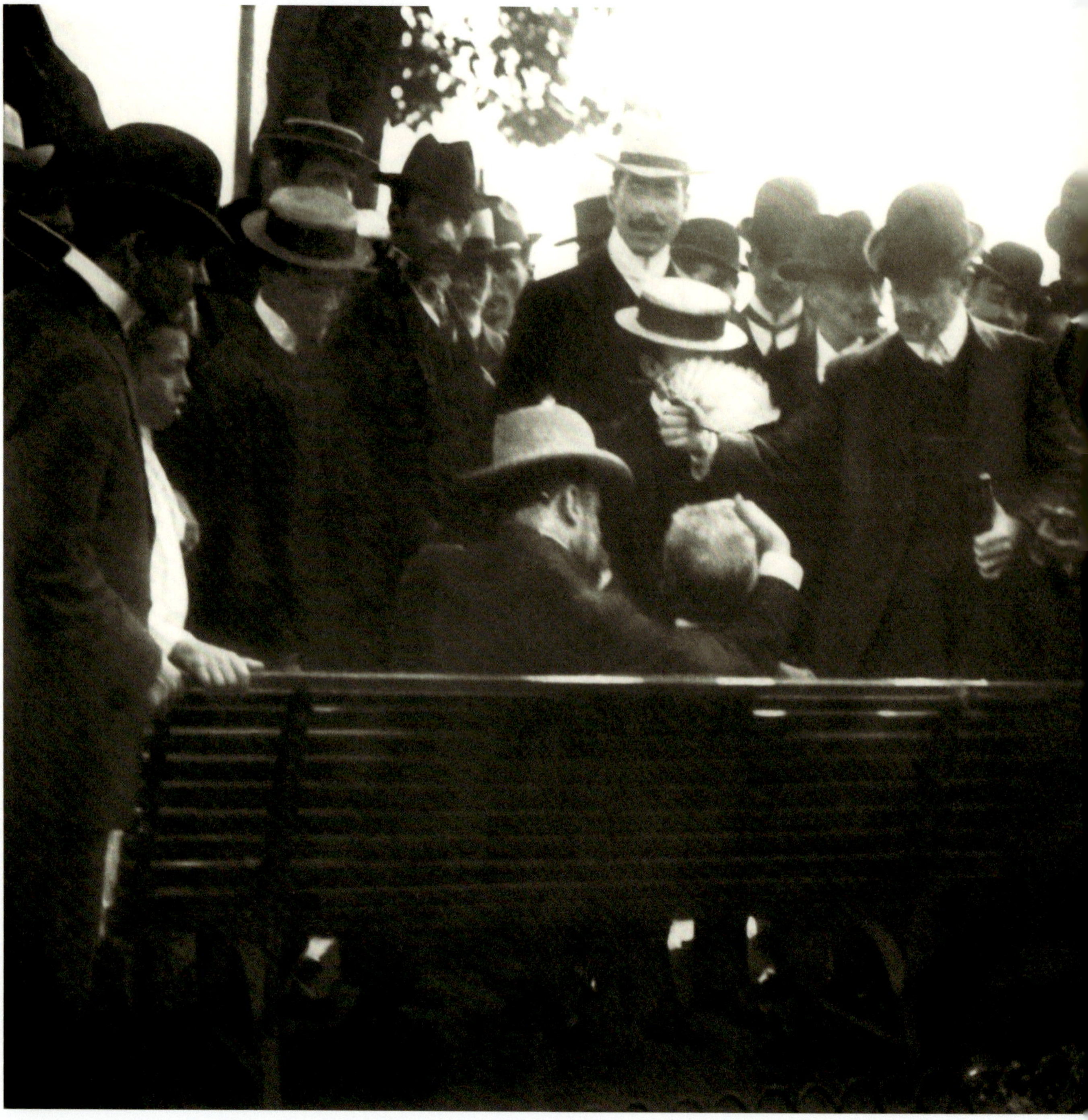

Um raro instantâneo jornalístico do fotógrafo Augusto Malta: Machado de Assis sofre desmaio no Cais Pharoux e é socorrido por amigos em agosto de 1907.

Nas páginas anteriores, acadêmicos falam sobre a roupa que gostariam de vestir. No alto, à esquerda, Machado de Assis, com Euclides da Cunha a seu lado, em caricaturas de Raul Pederneiras, *Fon Fon!*, dezembro de 1907.

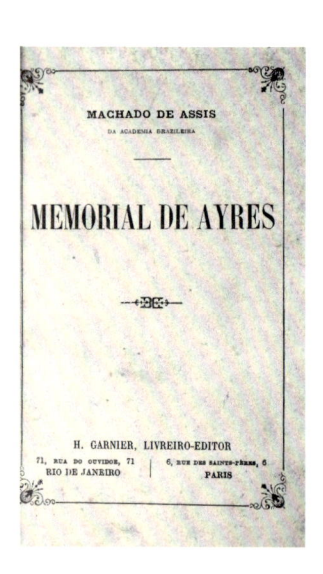

Capa da primeira edição de *Memorial de Aires*, 1908, e contrato para edição da obra firmado com o editor Garnier.

Na página da direita, ressaca na Avenida Beira Mar, captada pela lente de um fotógrafo amador alemão, c. 1907.

"O mar estava crespo. Aires começou a passear
ao longo do terraço, ouvindo as ondas, e chegando-se à
borda, de quando em quando, para vê-las bater
e recuar. Gostava delas assim; achava-lhes uma espécie
de alma forte, que as movia para meter medo à terra."
[*Esaú e Jacó*, cap. LX, 1904]

153

Corcovado

Rio de Janeiro

A mais fiel da natureza.
Machado de Assis

"Era no arrabalde em que resido. Bastava a presença do Corcovado para cotejar a firmeza da terra com a mobilidade dos homens [...]"
["A Semana", 15.11.1896]

Grupo de turistas no mirante do Corcovado.
Fotografia da coleção da revista argentina *Caras y Caretas*, 1905.

Na página da esquerda, cartão-postal com assinatura de Machado de Assis e vista do morro do Corcovado.

Atestado de óbito de Machado de Assis, em que se lê: "Olympio da Silva Pereira – official do registro civil – e escrivão vitalicio da 6ª pretoria do Districto Federal – Em 29 de setembro de 1908 – Certifico que do livro de registro de obitos sob n. 52 consta a fls. 63 o registro de obito de Joaquim Maria Machado de Assis – Edade 69 annos – Estado viuvo – Natural desta Capital – Profissão de funcionario publico – Filho de – Cor branca - Fallecido de arterio-schlerose às 3,20 horas da manhã do dia 29 setembro – Residência do próprio finado Cosme Velho n.o 18 – Deixou testamento? Sim – Nome do declarante Sr. Rodrigo Octavio de Langgaard Menezes – Medico attestante Jayme Luiz Smith Vasconcellos – Numero do Registro 795 – Lugar do enterramento, Cemiterio de São João Baptista – O referido e verdade, dou fé. – O escrivão."

ue do livro de registro de [...]
o registro de obito de Joaquim Mar[...]
do de Assis ——————————
ta e nove annos —————
————————————
Capital Federal ——————
[fun]ccionario publico ——————
————— ——————
a ——————————
[...]rio sclerose generalisada z [...]
dia 29 de Setembro de 1908
—— Coqué Velho nume[...]
——————————
Deixou ——————
Rodrigo C. Langgaard Menezes e Bom[...]
Dr Jayme Smidth de Vasco[n...]
[S]ete[n]tos e [...] e [...]
o Cemiterio de ——————
[...] e verdade; dou fé.

O ESCRIVÃO

Olympio da Silva [...]

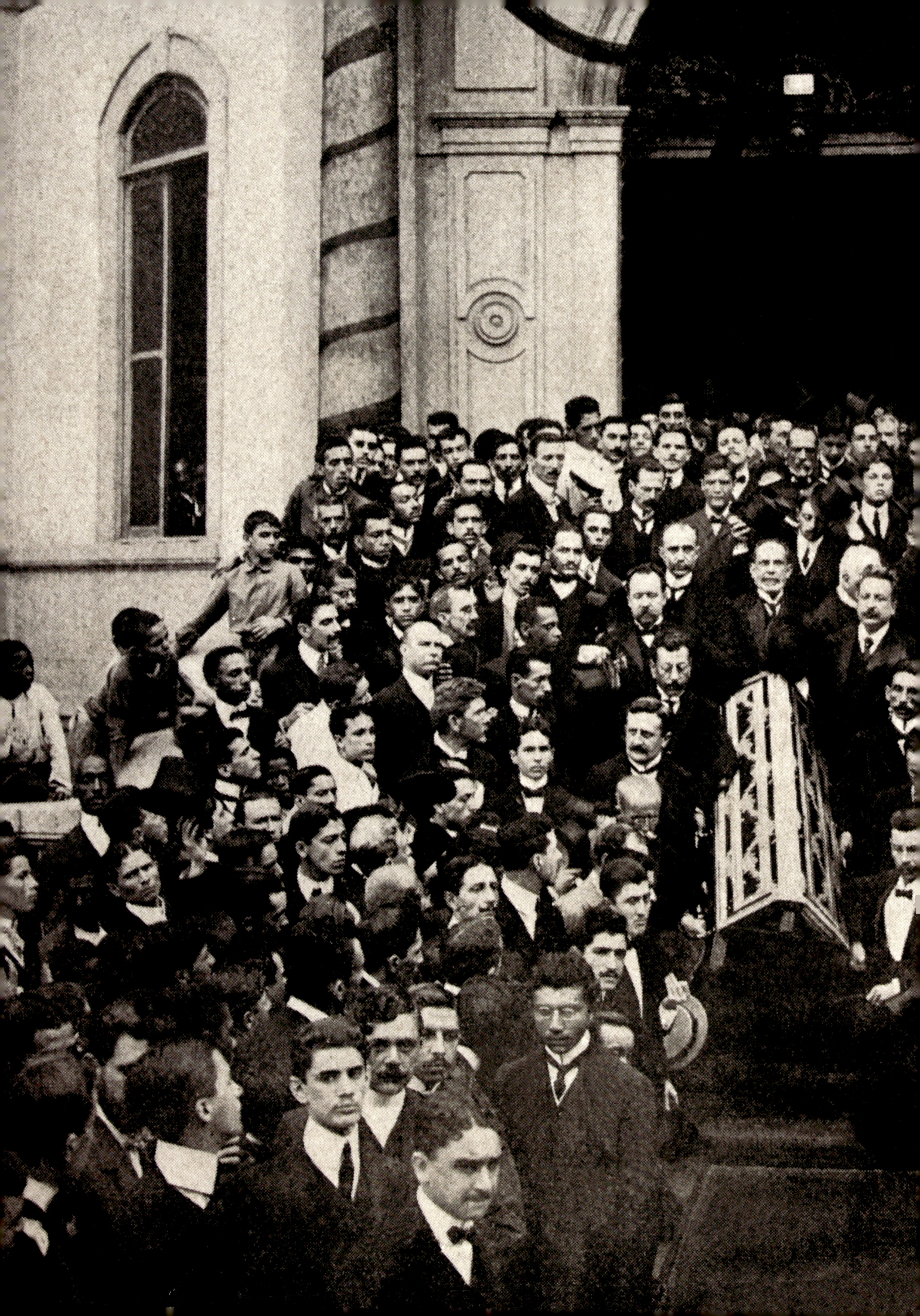

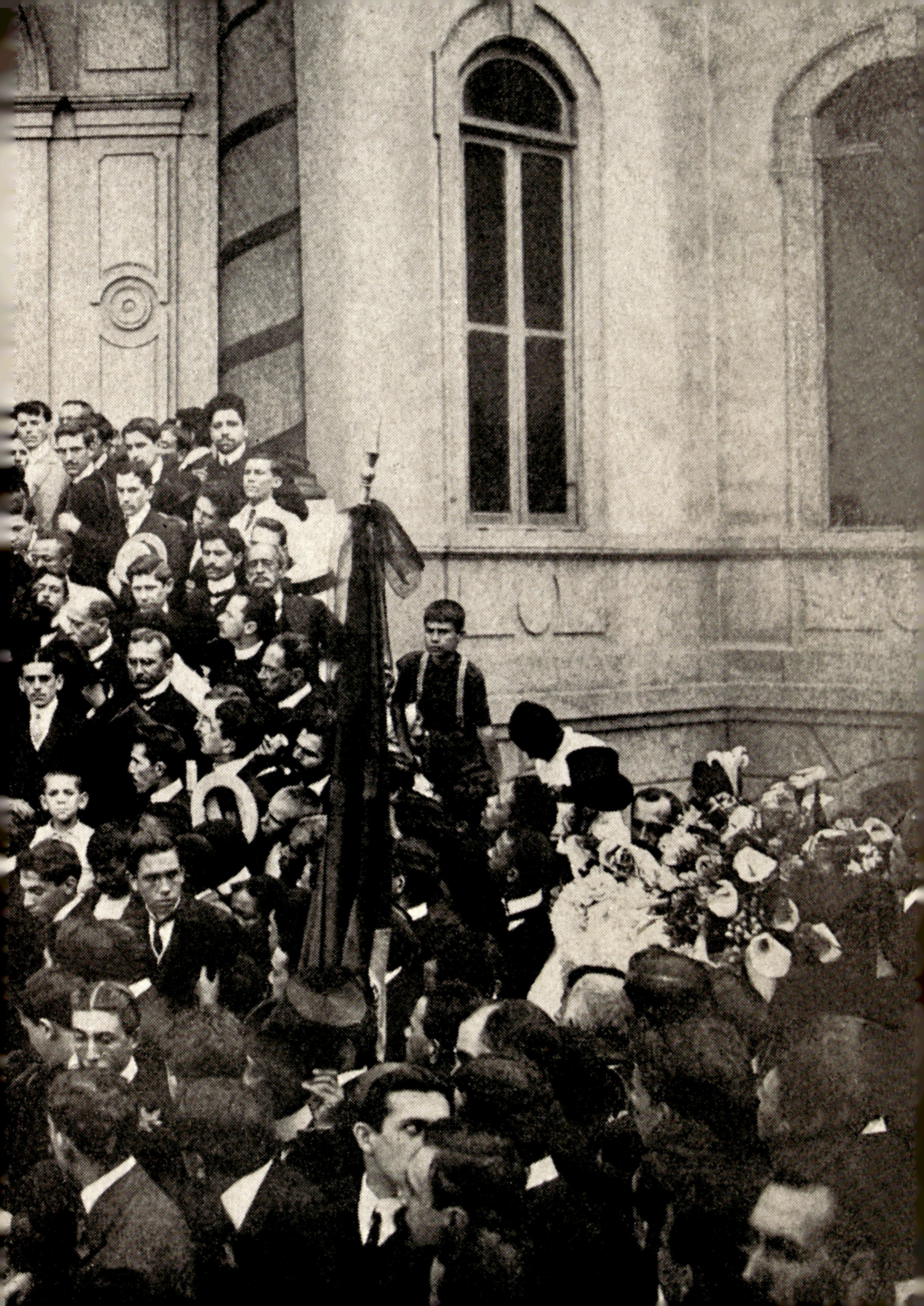

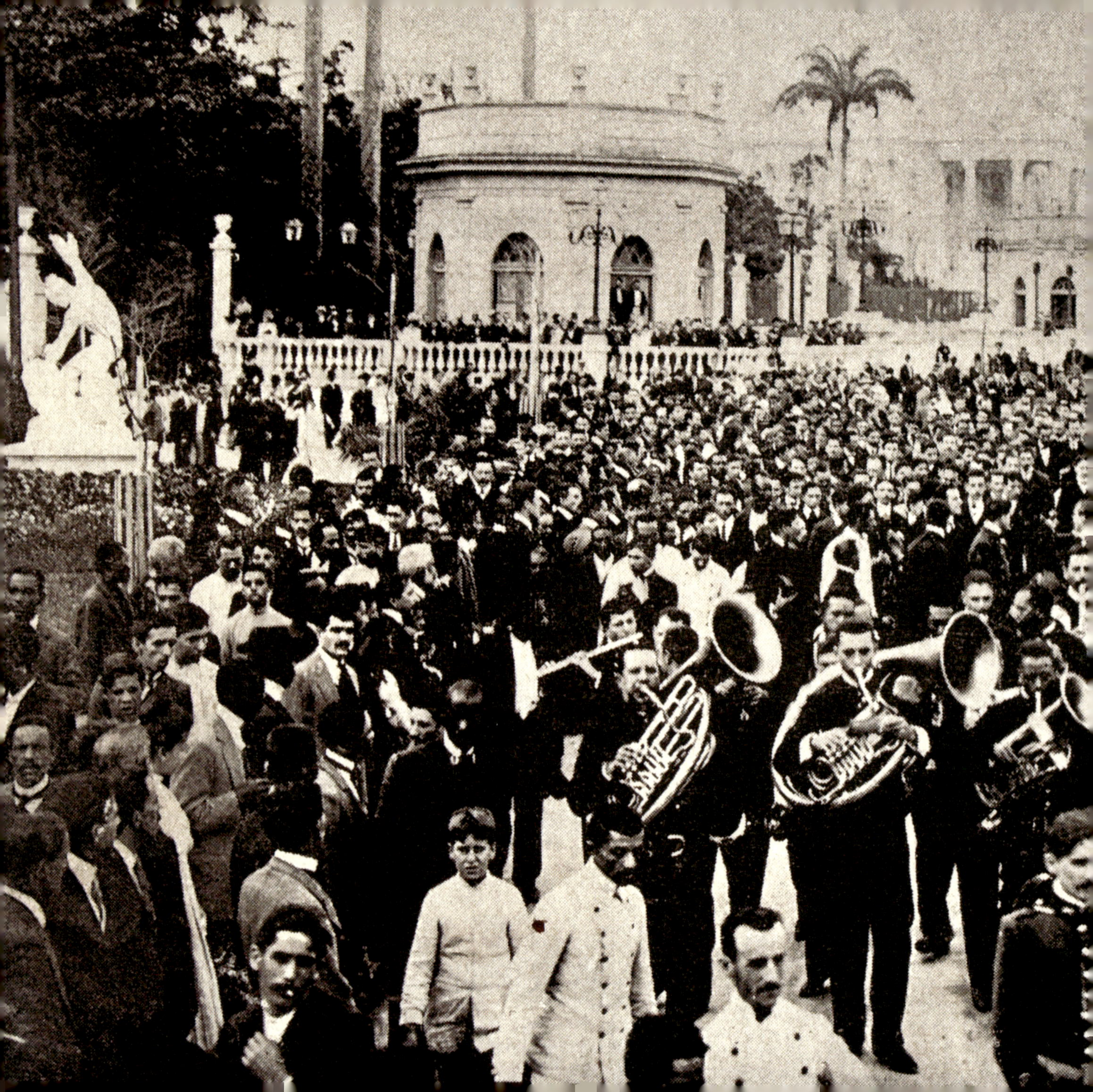

Nas páginas anteriores, o corpo de Machado de Assis deixa a Academia
Brasileira de Letras. Carregam o caixão, à esquerda, Rui Barbosa, Graça
Aranha, Olavo Bilac e Rodrigo Otávio e, à direita, Coelho Neto, Raimundo
Correia, Euclides da Cunha e Afonso Celso.

Nestas páginas e nas seguintes, aspectos do cortejo fúnebre em
direção ao Cemitério de São João Batista; fotografias publicadas nas

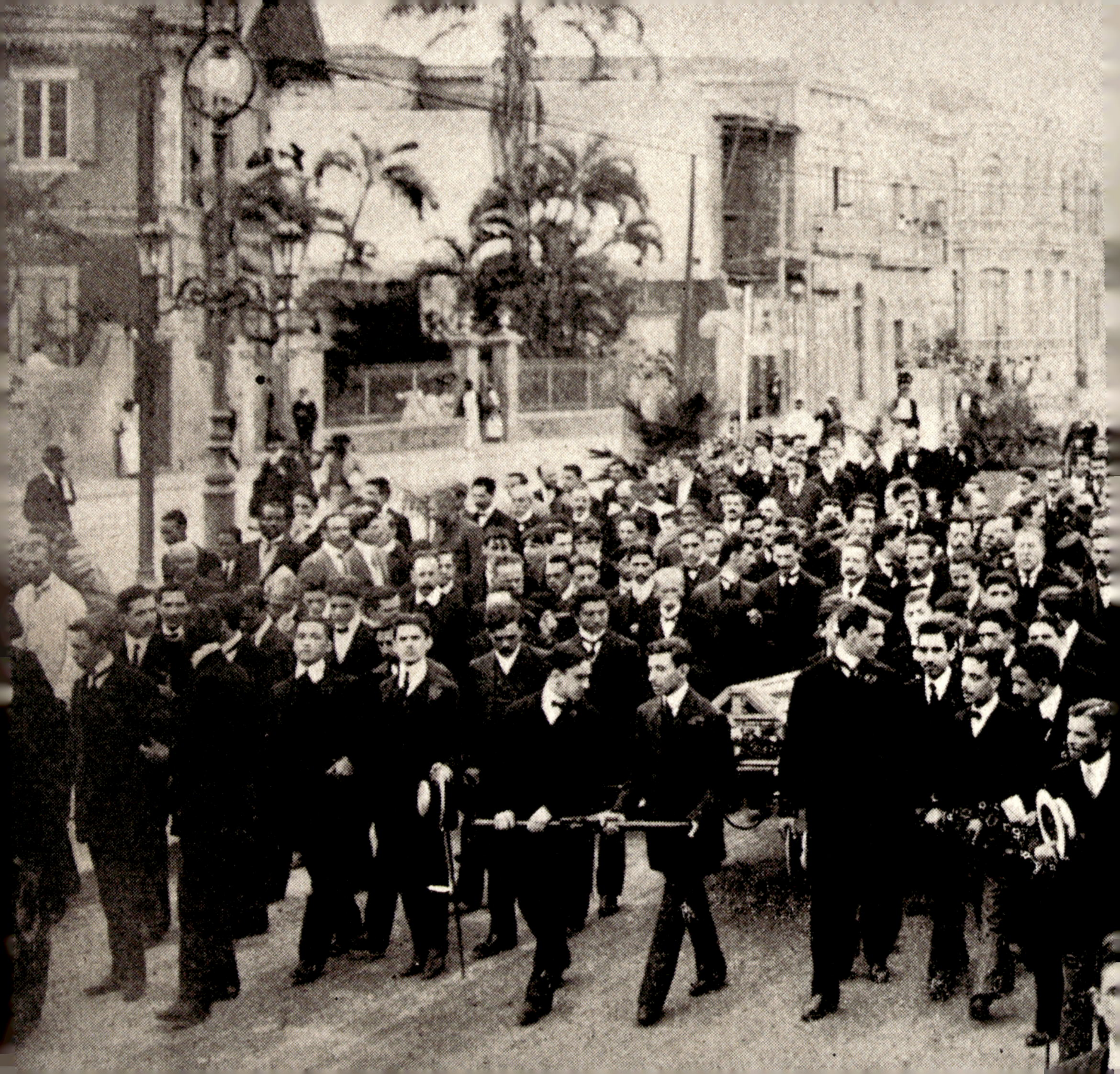

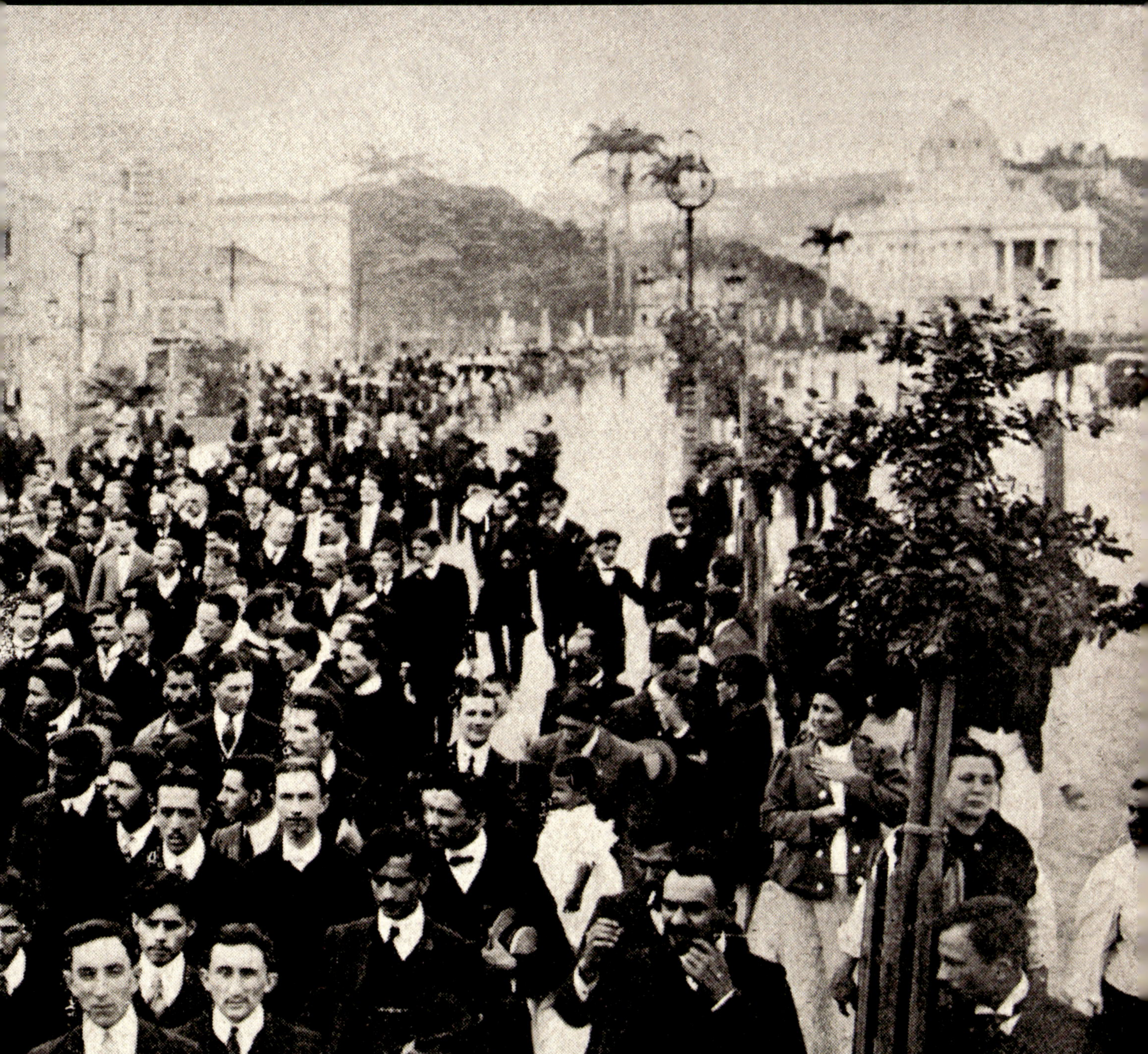

"Terei vivido e morrido neste meu recanto, velha cidade carioca, sabendo unicamente de oitiva e de leitura o que há por fora e por longe."
[Carta a Magalhães de Azeredo, 28.07.1899]

Cartão enviado a Frederico Smith de Vasconcelos em junho de 1908.

Na página da esquerda, vista para a avenida Beira Mar e Outeiro da Glória, amador alemão, c. 1907.

CRÉDITOS ICONOGRÁFICOS

As letras ao lado dos números das páginas indicam a posição da imagem ou documento, da esquerda para a direita e de cima para baixo.

Academia Brasileira de Letras: 9A, 32, 38, 43, 47BC, 56B, 61, 73, 88B, 89, 102/103, 116, 120, 121, 125, 129, 132B, 133AB, 134AB, 135, 140, 141, 142B, 143A, 146, 147AB, 180B, 170ABCD 188/189, 190/191

Arquivo Nacional: 9B, 142A, 184/185

Biblioteca Guita e José Mindlin: 20ABC, 33A, 48, 52, 54, 55, 56A, 60AB, 62A, 64A, 78AB, 80A, 82, 88A, 91A, 103A, 106, 122AB, 124AB, 138, 151A, 168A, 172ABC, 180A

Coleção Hélio de Seixas Guimarães: 10ABC, 122CD

Coleção Manoel Portinari Leão: 39

Coleção particular: 178/179

Fundação Biblioteca Nacional: 25AB, 37, 57, 62/63, 64B, 65, 80/81, 84, 85, 90, 117, 168B, 171AB

Fundação Casa de Rui Barbosa: 33B, 44, 46AB, 49, 79AB, 101, 107B, 112/113, 144AB, 145AB, 150, 152, 153, 169AB, 176/177, 186/187, 193

Iconographia: 123, 137, 139

Instituto Histórico e Geográfico Brasileiro: 45AB, 50, 58/59, 68, 69, 91BC, 115, 130, 131, 132A, 174/175

Instituto Moreira Salles: 17, 21, 24, 26/27, 28, 29, 30, 31, 51, 53, 66, 67, 76, 77, 83, 87, 95, 96, 97, 98/99, 100, 104/105, 107A, 108, 109AB, 111, 114, 118/119, 148/149, 151B, 158/159, 160, 161, 162/163, 164/165, 166/167, 173, 181, 183, 192

Museu da República: 47A, 182

Reproduções:
18/19, 34ABC, 75 [*Exposição Machado de Assis: centenário do nascimento de Machado de Assis: 1839 – 1939*. Introdução de Augusto Meyer. Rio de Janeiro: Ministério da Educação e Saúde, 1939.]
22, 23 [Jean-Michel Massa. *La jeunesse de Machado de Assis (1839-1870) – Essai de biographie intellectuelle*. Tese para o doutorado em letras apresentada à Faculdade de Letras e Ciências Humanas de Poitiers, exemplar da Fundação Casa de Rui Barbosa.]
35 [Raimundo Magalhães Júnior. *Machado de Assis desconhecido*. Rio de Janeiro: Civilização Brasileira, 1955.]
36AB, 157 [Josué Montello. *Machado de Assis*. Lisboa: Verbo, 1972.]
143B [*Revista da Sociedade dos Amigos de Machado de Assis* 5. Rio de Janeiro (1960).]

INSTITUTO MOREIRA SALLES

Walther Moreira Salles (1912-2001)
Fundador

DIRETORIA EXECUTIVA

João Moreira Salles
Presidente

Gabriel Jorge Ferreira
Vice-Presidente

Francisco Eduardo de Almeida Pinto
Diretor Tesoureiro

Mauro Agonilha
Raul Manuel Alves
Diretores Executivos

CONSELHO DE ADMINISTRAÇÃO

João Moreira Salles
Presidente

Fernando Roberto Moreira Salles
Vice-Presidente

Gabriel Jorge Ferreira
Pedro Moreira Salles
Roberto Konder Bornhausen
Walther Moreira Salles Junior
Conselheiros

CONSELHO CONSULTIVO

João Moreira Salles
Presidente

Augusto Carlos da Silva Telles
Lygia Fagundes Telles
Pérsio Arida
Conselheiros

CASA DA CULTURA DE POÇOS DE CALDAS

CONSELHO CONSULTIVO

João Moreira Salles
Presidente

Antonio Candido de Mello e Souza
Conselheiro

ADMINISTRAÇÃO

Flávio Pinheiro
Superintendente Executivo

Samuel Titan Jr.
Manuel Gomes Pereira
Coordenadores Executivos

Odette Jerônimo Cabral Vieira
Coordenadora Executiva de Apoio

Liliana Giusti Serra
Coordenadora – Bibliotecas

Manuel da Costa Pinto
Rodrigo Lacerda
Coordenadores editoriais

Michel Laub
Coordenador – Internet

Moacir José da Rocha Simplicio
Coordenador – Ação educativa

Beatriz Paes Leme
Coordenadora – Música

Sergio Burgi
Coordenador – Fotografia

Heloisa Espada
Coordenadora – Artes

Elizabeth Pessoa Teixeira
Odette Jerônimo Cabral Vieira
Roselene Pinto Machado
Vera Regina Magalhães Castellano
Coordenadores – Centros culturais

A OLHOS VISTOS

Projeto gráfico e capa
Kiko Farkas/Máquina Estúdio
Mateus Valadares/Máquina Estúdio

Impressão
Ipsis Gráfica e Editora

AGRADECIMENTOS

Acássia Correia, Cristina Zappa (fotografia),
Jaime Acioli (fotografia), Maria José Álvares de
Azevedo Macedo (assistência de pesquisa)

Novembro de 2008

TIRAGEM: 2.000 exemplares
TIPOGRAFIA: Adobe Garamond,
Stempel Garamond, FreightSans
CAPA: Supremo Duo Design 300 g/m²
MIOLO: GardaPat CLÁSSICA 135 g/m²

Dados Internacionais de Catalogação na Publicação (CIP)
(Câmara Brasileira do Livro, SP, Brasil)

A olhos vistos : uma iconografia de Machado de Assis /
organização Hélio de Seixas Guimarães, Vladimir Sacchetta.
— São Paulo : Instituto Moreira Salles, 2008.
Vários organizadores.

ISBN 978-85-8670-28-5

1. Assis, Machado de, 1839-1908 - Retratos
2. Iconografia I. Guimarães, Hélio de Seixas.
II. Sacchetta, Vladimir.

08-10564   CDD-704.942

Índices para catálogo sistemático:
1. Machado de Assis : Iconografia   704.942